GARTENKÜCHE

Räuchern und Pökeln

Wir danken allen, die sich die Zeit genommen haben, uns etwas beizubringen. Jetzt können wir das Gelernte an Indy und alle anderen weitergeben, die sich dafür interessieren.

Die Originalausgabe erschien 2012 unter dem Titel
Made at Home. Curing & Smoking
bei Mitchell Beazley, Teil der Octopus Publishing Group Ltd
Endeavour House, 189 Shaftesbury Avenue, London WC2H 8JY

Deutsche Ausgabe
Verlagskoordination: Susanne Philippi, Vera Maas
Projektmanagement: Nazire Ergün, Antje Seidel
Übersetzung: Heinrich Degen
Lektorat: Sebnem Yavuz
Satz: Nazire Ergün
Umschlaggestaltung: Francesca Rossi

ISBN 978-3-8321-9465-9

www.dumont-buchverlag.de

Printed in China

Weder die Autoren noch der Verlag haften für Verletzungen oder Schäden, die durch die Anwendung der in diesem Buch vorgestellten Techniken entstehen könnten.

In allen Rezepten werden Standardlöffelmaße angegeben:
1 Esslöffel = 15 ml
1 Teelöffel = 5 ml

Der Backofen sollte immer auf die angegebene Temperatur vorgeheizt werden. Bei einem Gasherd lesen Sie bitte vor der Einstellung von Zeit und Temperatur die Gebrauchsanweisung Ihres Ofens durch. Der Backofengrill sollte ebenfalls vorgeheizt werden.

In diesem Buch finden sich Rezepte, in denen Nüsse und Spuren von Nüssen enthalten sind. Menschen, die an einer Nussallergie leiden, und Personen, die möglicherweise durch diese Allergien gefährdet sein könnten, wie Schwangere, stillende Mütter, Kranke und Rekonvaleszenten, ältere Menschen, Säuglinge und Kinder, sollten auf Gerichte mit Nüssen und Nussölen verzichten.

Prüfen Sie bei Fertigprodukten immer die Zutatenliste auf mögliche Nussbestandteile.

Gesundheitsbehörden raten vom Verzehr roher Eier ab. Dieses Buch enthält allerdings Rezepte, in denen rohe oder nur leicht gekochte Eier verwendet werden. Schwangere, stillende Mütter, Kranke und Rekonvaleszenten, ältere Menschen, Säuglinge und Kleinkinder sollten auf diese Gerichte verzichten.

GARTENKÜCHE

Dick & James Strawbridge

Räuchern und Pökeln

DUMONT

INHALT

EINLEITUNG

Ob Sie nach Möglichkeiten suchen, Lebensmittel zu konservieren, Geld zu sparen oder einfach köstliche Dinge herzustellen, Räuchern und Pökeln eignen sich perfekt dafür. Dieses Buch liefert die nötigen Informationen. Wir sagen Ihnen, welche Dinge Sie dazu brauchen und wie Sie mit den bereits in Ihrem Kühl- oder Vorratsschrank vorhandenen Zutaten loslegen können.

DIE VORZÜGE DES RÄUCHERNS UND PÖKELNS

Gepökelte und geräucherte Lebensmittel mit ihrem speziellen Geschmack und ihrer besonderen Konsistenz gehören seit frühester Zeit zur Geschichte der Menschheit. Denn bevor es fast rund um die Uhr geöffnete Supermärkte gab, waren diese Konservierungsmethoden für unser Überleben wichtig. Warum soll man aber heute noch räuchern und pökeln? Geräucherte und gepökelte Lebensmittel zu Hause herzustellen, ist nicht unbedingt (oft aber schon) preisgünstiger, als die Produkte zu kaufen. Ein guter Grund ist die Freude, die man empfindet, wenn der Familie und den Freunden die selbst gemachten Kreationen offensichtlich schmecken. Diese sind geschmacklich mit Massenprodukten nicht zu vergleichen, denn sie sind einzigartig und wirklich toll. Der Qualitätsaspekt steht dabei für uns im Vordergrund.

Das beginnt bei den Zutaten. Eine einfache Salami besteht nur aus Schweinefleisch, Fett, Gewürzen und Salz. Bedenkt man Aufwand und Zeit, die das Produkt zur Herstellung und Reifung erfordert, versteht es sich von selbst, dass man die besten Zutaten verwendet, die man bekommen kann. Wir ziehen deshalb unsere Bioschweine selbst groß, obwohl es viel einfacher wäre, das Fleisch bei einem guten Metzger zu kaufen. Doch jeder, der selbst Schweine hält, versteht unsere Befriedigung dabei. Das Reduzieren auf das Wesentliche bringt den Eigengeschmack der Lebensmittel zur Geltung. Jeder auf dem Etikett aufgelistete Aromastoff sollte ein warnender Hinweis sein. Bedeutet „Raucharoma", dass das Fleisch oder der Käse über Holz geräuchert wurde? Leider nein. Wahrscheinlicher ist es, dass sie nur mit einer rauchig schmeckenden, orangefarbenen Flüssigkeit behandelt wurden.

Wir haben uns von einer Agrargesellschaft zu einer Lebensgemeinschaft entwickelt, in der die meisten Menschen in städtisch geprägten Siedlungsräumen leben. Das bedeutet jedoch nicht, dass wir dort keine eigenen Lebensmittel produzieren können. Selbst in der kleinsten Küche oder im kleinsten Hof ist Räuchern und Pökeln möglich. Vor über 20 Jahren haben wir auf relativ engem Raum bereits Käse geräuchert sowie Fleisch und Fisch gepökelt. Als wir 2005 unsere eigene kleine Farm bezogen, begannen wir damit, Tiere zur Fleischerzeugung zu halten. Seitdem haben wir unsere Kenntnisse erweitert und probieren immer wieder Neues aus.

WO ANFANGEN?

Dieses Buch möchte Sie ermutigen, verschiedene Arten des Räucherns und Pökelns auszuprobieren. Wir zeigen Ihnen die wichtigsten Verfahren, ergänzt um Anregungen und Rezepte, damit Sie Ihre Produkte entsprechend zubereiten und servieren können. Wir erklären, was bei der Lagerung von Lebensmitteln über einen längeren Zeitraum zu beachten ist, wo Sie aufpassen und wann Sie vorsichtig sein müssen. Wenn Sie die Grundlagen beherrschen, können Sie die Methoden und Rezepte als Vorlagen nehmen und experimentieren.

Bevor Sie anfangen, sollten Sie sich überlegen, warum Sie selbst pökeln wollen. Qualität, Kosten, Geschmack und Verfügbarkeit von Lebensmitteln könnten Gründe sein. Zu unseren ersten Versuchen mit kalt geräuchertem Käse kam es, weil Räucherkäse teuer und nur schwer zu finden war. Heute ist das Angebot größer, doch die Qualität lässt oft zu wünschen übrig. Zu Hause können wir auf einen Schwung bis zu 10 kg Käse räuchern, und das Ganze kostet uns nur einen Eimer Sägemehl, den wir meist auch noch umsonst vom Schreiner bekommen. Anstatt eher minderwertigen Käse zu verwenden, wie bei den meisten kommerziellen Räucherkäsesorten üblich, kaufen wir Käse aus lokaler Produktion, wenn er im Angebot ist, oder wir wählen einen hochwertigen Käse. Ebenso können wir Art und Intensität des Raucharomas bestimmen. Da wir alle Bestandteile bewusst einsetzen, entstehen einzigartige und individuelle Ergebnisse. Haben Sie beispielsweise je einen mit Buche geräucherten Stilton oder mit Kastanie geräucherten Brie im Supermarkt gesehen? Beide schmecken übrigens hervorragend, speziell in Kombination mit frischen Apfelspalten. Wir mögen heiß geräuchertes Huhn als Hauptzutat von Salaten, konnten es aber kaum bekommen. Das war Anreiz genug, uns mit dem Heißräuchern zu beschäftigen, und heute können wir ein Biohuhn räuchern, wann immer wir möchten.

ETWAS BESONDERES SCHAFFEN

Das Schweinefleisch aus unserer Aufzucht ist von höchster Qualität und relativ teuer, denn unsere Schweine bekommen viel mehr Zeit zum Heranwachsen als Schweine aus kommerzieller Produktion. Die Schweine aus Massenhaltung werden möglichst schnell gemästet und dann geschlachtet. In jedem Stück Fleisch unserer Schweine steckt viel Mühe. Wir könnten das Fleisch einfrieren und dann je nach Bedarf auftauen und genießen, doch wir wollen ihm eine zusätzliche Qualität verleihen. Das durch Pökeln oder Räuchern gewonnene Fleischprodukt ist deutlich mehr wert: Ein luftgetrockneter Schweineschinken kostet pro Kilogramm etwa das Fünffache einer frischen Schweinekeule. Das luftgetrocknete Schweinefleisch würde uns ein kleines Vermögen kosten, käme es nicht aus eigener Produktion. Wenn Sie keine Tiere aufziehen wollen oder können, dann suchen Sie sich einen guten Metzger. Hören Sie sich nach Empfehlungen um, doch am besten reden Sie selbst mit dem Metzger, um zu erfahren, woher er sein Fleisch bezieht.

Früher hatten die Menschen eine gut gefüllte Vorratskammer, um die kargen Wintermonate zu überstehen. Das ist heute nicht unbedingt die Motivation, um sich mit Gepökeltem und Geräuchertem einzudecken. Doch diese Verfahren machen es möglich, Lebensmittel dann zu ernten und zu verarbeiten, wenn sie reichlich und in guter Qualität verfügbar sind. Bleibt das kleine Problem, dass man dazu entsprechende Lagermöglichkeiten braucht. Bevor Sie sich in das Räuchern und Pökeln stürzen, überlegen Sie gut, wo Sie die Produkte später lagern können.

Vielleicht stoßen Sie in diesem Buch auf Methoden und Rezepte, bei denen Sie denken: „Das würde mir schon gefallen, doch das kann ich nicht.“ Sie können es! Nichts in diesem Buch ist unmöglich. Wir sind überzeugt, dass Sie beim Räuchern und Pökeln genau so viel Freude und Genugtuung empfinden werden wie wir – man muss sich nur trauen.

Dick & James

PÖKELN & RÄUCHERN

Wenn man mit etwas Neuem beginnt, wird man meist mit verwirrend vielen Möglichkeiten konfrontiert. Das größte Problem kann die Entscheidung sein, wann und wo man anfängt. Bei den meisten Rezepten in diesem Buch können Sie ganz schnell loslegen. Vielleicht müssen Sie einige Grundzutaten einkaufen, doch wahrscheinlich finden Sie genug davon in Ihrer Küche, um gleich mit dem Rezept anfangen zu können.

WAS ZUERST AUSPROBIEREN?

Wir empfehlen, mit der Herstellung von Produkten zu beginnen, die Sie besonders gerne essen oder nicht im Geschäft finden können. Wenn Sie stets von Schinkenspeck enttäuscht waren, der als erstklassig angepriesen wurde, der gegrillt aber ohne Geschmack und nur salzig war, dann stellen Sie ihn doch einfach selbst her. Wenn Sie die weiße Flüssigkeit irritiert, die aus gepökeltem Fleisch beim Kochen austritt, dann versuchen Sie es doch mit einem unserer Rezepte. Wir selbst haben mit dem Räuchern von Käse begonnen, weil wir ihn gerne essen und guter Räucherkäse nicht einfach zu bekommen war.

NASSPÖKELN

Das Pökeln von Fleisch ist ein uraltes Verfahren, und das Nasspökeln, das Einlegen in Salzlake, ist dabei die gängigste Methode. Man kann fast nichts falsch machen und braucht nur wenig spezielles Zubehör: Ein für Lebensmittel geeigneter Kunststoffbehälter genügt für den Anfang. Für den Lakebehälter brauchen Sie allerdings etwas Platz im Kühlschrank oder an einem anderen kühlen Ort. Probieren Sie zunächst eine Basispökellake aus, später können Sie die Zutaten variieren. Aber man sollte nicht nach dem ersten Erfolg glauben, man habe die Sache schon voll im Griff, denn meistens kommen dann viele Fragen auf. Soll man dasselbe Pökelrezept nochmals machen? Soll man ein anderes Fleischstück nach der bewährten Methode verarbeiten? Oder soll man die Lake nach eigenen Vorstellungen aromatisieren? Machen Sie sich Notizen, wann Sie was gemacht haben und wie es geschmeckt hat. So kann man stets auf seine Lieblingsrezepte zurückgreifen.

TROCKENPÖKELN

Das trockene Pökeln mit Salz ist eine andere Methode, damit bereitet man auch Lebensmittel für das anschließende Trocknen an der Luft vor. Man braucht dazu einen glasierten Keramiktopf oder einen Kunststoffbehälter. Wenn man ganz tradi-

tionell arbeiten möchte, wählt man einen Bottich oder ein Fass aus Holz. Für den Anfang tut's aber eine einfache Wanne. Wenn Sie beim nächsten Einkauf im Supermarkt einige Sachen zusätzlich in Ihren Einkaufskorb packen, können Sie zu Hause gleich mit dem Trockenpökeln beginnen.

Graved Lachs gehörte zu unseren ersten Versuchen, Fisch einzusalzen und zu beizen, deshalb haben wir auch gleich eine einfache Pressvorrichtung (Seite 57) gebaut. Damals gab es beim Fischhändler Lachs im Angebot, und wir haben uns entschlossen, den Lachs zu „veredeln", denn Graved Lachs ist viel teurer als einfacher Lachs. Um ehrlich zu sein, richtig Geld gespart haben wir durch die Presse nicht, denn seitdem essen wir mehr von diesem köstlichen Fisch als vorher.

LUFTTROCKNEN

Den meisten von uns wird die Vorstellung, luftgetrocknetes Fleisch selbst zu produzieren und Schinken oder Salamis auf dem Speicher hängen zu haben, gefallen. Die Umsetzung scheitert leider oft daran, einen geeigneten Ort für diesen Reifeprozess zu finden. Doch luftgetrocknete Produkte beschränken sich nicht auf Schweinekeulen – Beef Jerky, Kräutersträuße oder Chilibündel gehören ebenfalls dazu. Aber trocken gepökeltes, luftgetrocknetes Fleisch ist etwas Spezielles. Zur Herstellung von Salami benötigen Sie keine besondere Ausrüstung, doch Sie brauchen etwas Geduld, denn es dauert, bis die Wurst reift und trocknet. Auch bei den Vorbereitungen sollte man Geduld haben: Wenn man loszieht und gleich die ganze Ausrüstung einkauft, kann das teuer werden. Lieber warten, denn Wurstmaschinen

und Fleischwölfe werden immer wieder günstig angeboten. Einfach die Augen offen halten und vorausdenken, das erhöht die Chancen auf ein Schnäppchen. Und man kann natürlich improvisieren: Wir haben schon an Bord eines Boots ganz akzeptable Würste mithilfe einer Fahrradluftpumpe fabriziert.

HEISSRÄUCHERN

Feinkostgeschäfte und Supermärkte bieten ein breites Sortiment an heißgeräucherten Produkten, sodass Sie mit dem Geschmack sicherlich schon vertraut sind, bevor Sie selbst das Räuchern beginnen. Hausgemacht ist jedoch oft besser und schmackhafter als fertig gekauft. Beim Heißräuchern gilt es, einige Regeln zu beachten, und Sie sollten sich gut informieren, denn bei bestimmten Temperaturen können sich Mikroben und Bakterien gefährlich rasch vermehren (für weitere Informationen siehe Seite 98 und 101).

Eine Räucherpfanne bietet sich für den Einstieg an, denn ihre Handhabung ist kinderleicht, und sie lässt sich meist aus in der Küche vorhandenen Utensilien improvisieren. Mit ein wenig handwerklichem Geschick kann man einen beeindruckenden Räucherofen bauen, der deutlich mehr Platz und Möglichkeiten beim Räuchern bietet. Im Handel sind verschiedene Smoker erhältlich, die sich als verlässliche Lösung anbieten, wenn man sich den Eigenbau nicht zutraut.

KALTRÄUCHERN

Wir haben schon mehrere Kalträucheröfen gebaut, immer aus alten Ölfässern. Aber es eignet sich jeder Behälter, der den Rauch lange genug einschließen kann, damit das Räuchergut davon durchdrungen wird. Das Kalträuchern ist vielleicht eine der einfachsten Möglichkeiten, um äußerst schmackhafte Lebensmittel herzustellen, die alle begeistern werden. Solange es in der Räucherkammer nicht so warm wird, dass sich Bakterien vermehren können, ist alles in Ordnung. Bevor Sie beginnen, brauchen Sie Sägemehl und Holzspäne zur Raucherzeugung. Achten Sie darauf, reinsortiges Räuchermaterial zu bekommen, etwa Eiche oder Apfel, um das charakteristische Aroma der einzelnen Holzarten nutzen zu können. Für einen Räucherdurchgang reicht ein halber Eimer, doch es ist besser, das Material gleich säckeweise zu besorgen, dann kann man experimentieren. Mit einem Sortiment an Räucherholzmehl stehen Ihnen verschiedenste Aromen zur Verfügung. Sagen Sie dem Schreiner, dass Sie das Sägemehl zum Räuchern von Lebensmitteln brauchen. Lassen Sie ihn später Ihre Räucherprodukte probieren, dann ist der Nachschub gesichert.

DIE NÖTIGE AUSRÜSTUNG

Wir geben nicht gerne viel Geld für unsere Ausrüstung aus, aber wir legen Wert auf gute Qualität. Wenn Sie sich dazu entscheiden, einen Pökelbehälter oder einen eigenen Räucherofen zu bauen, sollten Sie sich Zeit nehmen. Die Mühe lohnt sich. Halten Sie Ausschau nach gebrauchten Ausrüstungsteilen, allerdings sollten sie voll funktionstüchtig und nicht nur äußerlich „aufpoliert" sein. Wenn Sie Leute kennen, die auch selbst pökeln oder räuchern, dann fragen Sie um Rat – die meisten werden gerne ihre Erfahrungen und Tipps mit Ihnen austauschen.

1

NASS-PÖKELN

WISSENSWERTES

NASSPÖKELN

Nasspökeln oder Einlegen ist eine sehr effiziente Möglichkeit, Lebensmittel vor dem Verderb zu schützen. Das Tolle an diesem Verfahren ist, dass Fleisch oder Fisch saftig bleiben und für viele Rezepte verwendet werden können. Eine salzige Lake, die durch Zugabe von Gewürzen und Kräutern aromatisiert wurde, dringt tief in Fleisch und Fisch ein und intensiviert deren Geschmack. Das Einlegen braucht Zeit, meist 24 Stunden und mehr. Planen Sie diese Zeit ein und haben Sie Geduld – das Warten lohnt sich!

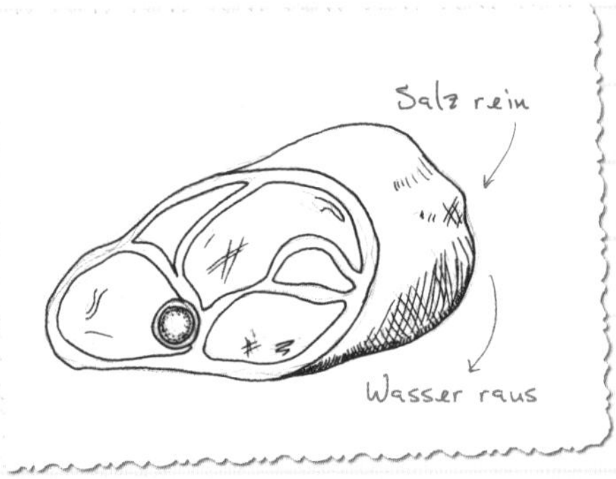

SO FUNKTIONIERT NASSPÖKELN

Nasspökeln ist ein einfacher Prozess. In einer Mischung aus Wasser und Pökelstoffen eingelegtes Fleisch wird zart und bleibt saftig, denn das Salz macht nicht nur zähe Muskelfasern mürbe, sondern reagiert mit den Fleischproteinen: Das Wasser diffundiert aus den Fleischzellen und das Lakensalz wird eingelagert.

HINWEISE

- 500 g Salz auf jeweils 5 l Wasser verwenden.
- Mit mindestens 50 % Lakeanteil arbeiten; z. B. erfordert 1 kg Fleisch mindestens 500 ml Pökellake.
- Einen Beutel oder Behälter verwenden, der etwa die Größe des Fleischstücks hat. Notfalls mehr Lake zufügen, damit das Fleisch bedeckt ist.
- Immer mindestens den empfohlenen Prozentsatz an Salz in der Lake verwenden.
- Die Lake regelmäßig wechseln, wenn ein großes Stück Fleisch eingelegt wird.
- Das Pökelgut muss immer bedeckt und unter 5 °C gekühlt lagern.
- Eine Pökellake niemals erneut verwenden.

DIE PÖKELLAKE

Zum Pökeln braucht man Salz und Wasser. Sie können jede Sorte Salz verwenden, auch Speisesalz. Generell wird mit viel Salz und etwas Zucker gepökelt. Manche Rezepte erfordern nach dem ersten Pökelvorgang einen zweiten mit süßer Beize (z. B. Pastrami, siehe Seite 108–109). Im richtigen Verhältnis eingesetzt, ist Zucker nämlich eine sehr gute Möglichkeit, um Fleisch und Fisch zu beizen. Zucker mildert nicht nur den Salzgeschmack, sondern fördert auch das Wachstum von Milchsäurebakterien, die den Pökelprozess unterstützen.

TESTEN DER LAKE

Mit einem Lakemesser (Aräometer oder Lakespindel) können Sie den Salzgehalt einer Pökellake genau bestimmen. Für die verschiedenen Fleischarten werden folgende Salzkonzentrationen empfohlen:

Glückliche Schweine liefern bestes Fleisch.

Natürliche Aromen und keine künstlichen Farbzusätze

• 40 % – Huhn
• 60 % – Speckstücke
• 60–80 % – Schinken, Schulter
• 80 % – Fisch

Die Angaben beziehen sich auf einfache Laken aus Salz und Wasser. Durch Zugabe von Zucker wird die Lake schwerer. Für eine stärkere Lake gibt man mehr Salz zu, für eine schwächere mehr Wasser. Bedenken Sie dabei, dass ein Lakemesser die Dichte einer Salz-Wasser-Lösung misst. Auch durch die Zugabe anderer Zutaten kann sich die Dichte der Pökellake verändern, deshalb wird die Lake stets vor dem Beimischen von Aromastoffen getestet.

AROMATISIERTE LAKE

Mit Gewürzen und Kräutern kann man die Lake aromatisieren. Traditionelle Beizen arbeiten mit folgenden Zutaten:

Lorbeerblätter
Gewürznelken
Wacholderbeeren
Ingwer
Schwarze Pfefferkörner
Rosmarin
Thymian
Knoblauch
Sternanis

LAKEBEHÄLTER

Sie brauchen ein Behältnis, in dem Fleisch und Lake eine gewisse Zeit gelagert werden können. Für kleine Mengen eignen sich Gefrierbeutel, die in eine Schale gelegt werden. Je größer das Fleischstück, umso größer der Behälter: Für eine Schinkenkeule braucht man unter Umständen eine Kühlbox.

NOTIZEN MACHEN

Eingelegtes Fleisch immer genau beschriften, denn es wäre schade, gutes Fleisch durch zu langes oder kurzes Pökeln nicht optimal zu verwenden. Machen Sie sich Notizen über verwendete Laken und Aromen und halten Sie fest, welche besonders gut waren.

PÖKELLAKEN UND ZEITVORGABEN

PRODUKT	WASSER	SALZ	ZUCKER	ZEIT
GROSSE STÜCKE z. B. Rinderbrust	5 l	1,5 kg	500 g	3–5 Tage
MITTLERE STÜCKE z. B. Schweinekotelett	500 ml	50 g	50 g	48 Stunden
SÜSSE BEIZE z. B. Schinken	5 l	500 g	750 g	24 Stunden

METHODE 1

NASS GEPÖKELTES SCHWEIN

Köstlicher Schinken aus Schweinefilet

Wir sind immer wieder überrascht, wie sich beim Pökeln Textur, Geschmack und Qualität von rohem Fleisch und Fisch ändern: Ein Stück Schweinefleisch verwandelt sich in einen saftigen, schmackhaften Schinken. Schinken ist ja lediglich eine gepökelte Schweinekeule, aber das Pökeln macht seine Qualität aus. Man kann auch andere Stücke vom Schwein pökeln, um ihren Geschmack zu verbessern, und sogar Fisch, wie etwa Heringe.

VORBEREITUNG DER LAKE

Der wichtigste Teil des Pökelns ist das Ansetzen der Lake. Für ein großes Schinkenstück vermischt man in einem großen Kunststoffbehälter 5 l heißes Wasser mit jeweils 500 g Salz und Zucker. Unter Umrühren auflösen, dann abkühlen lassen. Das ist der entscheidende Teil des Pökelvorgangs, gehen Sie deshalb sorgfältig vor. Je stärker die Lake, umso kürzer die Pökeldauer, und je größer das Fleischstück, umso mehr Lake wird benötigt.

ZUSÄTZLICHE AROMEN

Ein in einfacher Salzlake gepökelter Schinken kann sehr schmackhaft sein – vor allem, wenn Sie gutes Fleisch verwendet haben. Doch zur Alchemie des Pökelns gehören auch Gewürze und Kräuter. Die Aromen dringen tief ins Fleisch ein, während die Lake die Feuchtigkeit herauszieht. Salz und Zucker konservieren das Fleisch, Kräuter und Gewürze geben ihm einen intensiven Geschmack. Die Aromastoffe können direkt oder in einem Baumwollbeutel verpackt in die Lake gegeben werden.

PÖKELN DES FLEISCHSTÜCKS

Zum Pökeln brauchen Sie einen Pökelbehälter oder einen Gefrierbeutel mit Zip-Verschluss. Der Behälter sollte in etwa die Größe des eingelegten Fleischstücks haben.

Die Lake in den Behälter gießen, dann das Fleisch einlegen. Achten Sie darauf, dass das Fleisch vollständig mit Lake bedeckt ist. Den Behälter abdecken und 3–4 Tage kühl stellen. Das Fleisch täglich wenden, am besten morgens und abends, damit es gleichmäßig durchzieht. Danach das Fleisch aus der Lake nehmen, unter fließendem Wasser abspülen und mit Küchenpapier trocken tupfen. Nun haben Sie einen köstlichen Schinken, der anschließend gegart werden kann.

Besonders große Fleischstücke, die nicht in den Kühlschrank passen, gibt man zum Pökeln in eine für Lebensmittel geeignete Kühlbox mit Kühlakkus. Die Akkus müssen regelmäßig ausgetauscht werden, damit das Fleisch ausreichend kühl bleibt.

PÖKELLAKE INJIZIEREN

Bei großen Fleischstücken ist es oft günstig, wenn die Lake in dickere Partien eingespritzt wird. Eine Lakespritze hilft, die Pökeldauer zu verkürzen und die Lake dichter an den Knochen in der Mitte des Fleischstücks zu bringen. So erhält man mehr Aroma in kürzerer Zeit.

VORSCHLAG: FRÜHSTÜCKSSPECK

Frühstücksspeck wird genauso gepökelt wie Schinken, allerdings mit mehr Salz, um den Vorgang zu beschleunigen. Für 3 kg Schweinebauch löst man 1 kg Salz und 350 g Zucker in 5 l Wasser und pökelt ihn 24 Stunden lang. Wenn möglich, sollte der frische Frühstücksspeck zunächst 1 Tag an einem kühlen, luftigen Ort abhängen, bevor er im Kühlschrank aufbewahrt wird. Dort hält er sich etwa 2 Wochen, wenn er geräuchert wird, noch länger (siehe Seite 142).

AROMATISCHE LAKE FÜR SCHWEINEFLEISCH

Für 4 kg Schweinefleisch

- 500 g Salz
- 200 g Zucker
- 5 l Wasser
- 4 Lorbeerblätter
- 1 große Zwiebel, halbiert
- 10 Knoblauchzehen
- 2 Selleriestangen, grob gehackt
- 1 TL Senfkörner
- 5 Gewürznelken
- 1 TL Chiliflocken
- 2 Pimentkörner
- 1 TL Pfefferkörner

SCHWEINEBAUCH NASS PÖKELN

1

Das Wasser in eine Glasform gießen, dann Salz und Zucker darin auflösen und die anderen Zutaten der aromatischen Lake zugeben.

2

Das Schweinefleisch in die Lake legen, abdecken und 3–4 Tage kühl stellen. Das Fleisch jeden Tag wenden. Dann aus der Lake nehmen, abspülen und zubereiten.

Ofenkartoffeln mit knuspriger Schale und knackig gegarter Kohl sind die idealen Begleiter für einen köstlichen kalten Schinken.

FÜR 4 PERSONEN

- 1 kleiner Schinken
- 2 Karotten, grob gehackt
- 1 Selleriestange, grob gehackt
- 1 Zwiebel, halbiert
- 1 Porreestange, grob gehackt
- 1 Handvoll Rosenkohlröschen

BARBECUESAUCE

- 100 ml Orangensaft
- 75 ml Tomatenketchup
- 75 g brauner Zucker
- 50 ml Worcestersauce
- ¼ TL Cayennepfeffer

ZUM SERVIEREN

- 4 große Ofenkartoffeln
- natives Olivenöl extra
- Salzflocken
- 1 Weißkohl, in feine Streifen geschnitten

SCHINKEN MIT BARBECUESAUCE

Wer den Schinken weniger salzig wünscht, legt diesen in einen Topf mit kaltem Wasser, bringt das Wasser zum Kochen und schüttet es weg. Dann wie beschrieben fortfahren.

Den Schinken in einen großen Topf geben und mit kaltem Wasser bedecken. Das Gemüse zugeben, aufkochen und den Schinken pro 500 g jeweils 10 Minuten köcheln lassen. Danach vom Herd nehmen, einen Deckel auflegen und abkühlen lassen.

Den Backofen auf 180 °C vorheizen, dann die Kartoffeln hineinlegen. Damit sie eine knusprige Schale bekommen, zuvor rundum einstechen, mit nativem Olivenöl extra bestreichen und mit Salzflocken bestreuen. Je nach Größe der Kartoffeln etwa 1 Stunde backen, bis sie gar sind.

In einem großen Topf Wasser mit etwas Salz aufkochen, den Kohl zugeben und maximal 2 Minuten kochen, dann abgießen und trocken schütteln.

Für die Barbecuesauce alle Zutaten in einem Topf bei schwacher Hitze einige Minuten unter Umrühren köcheln lassen.

Den Schinken aus dem Sud nehmen (der Kochsud ist bestens für Suppen geeignet), auf ein Tranchierbrett legen und in dicke Scheiben schneiden. Mit Ofenkartoffeln, Kraut und reichlich Barbecuesauce servieren.

Einen glasierten Schinken am Tisch aufzuschneiden, ist immer etwas Besonderes. Der Schinken eignet sich als Hauptgang eines ausgiebigen Familienessens. Die Reste serviert man als Imbiss oder auf Sandwiches an den darauffolgenden Tagen.

FÜR 10–12 PERSONEN

- 2–3 kg Schinken, am Stück
- 2 Karotten, grob gehackt
- 1 Selleriestange, grob gehackt
- 1 Zwiebel, halbiert
- 1 Porreestange, grob gehackt
- 1 Handvoll Rosenkohlröschen
- 1 EL Gewürznelken
- 200 ml Orangensaft
- 100 g feiner brauner Zucker
- 1 EL Senfpulver

GLASIERTER SCHINKEN

Wer den Schinken weniger salzig wünscht, legt diesen in einen Topf mit kaltem Wasser, bringt das Wasser zum Kochen und schüttet es weg. Dann wie beschrieben fortfahren.

Den Schinken in einen großen Topf geben und mit kaltem Wasser bedecken. Das Gemüse zugeben, aufkochen und den Schinken pro 500 g jeweils 10 Minuten köcheln lassen. Danach vom Herd nehmen, einen Deckel auflegen und abkühlen lassen.

Den Backofen auf 200 °C vorheizen. Wenn der Schinken handwarm abgekühlt ist, aus dem Sud nehmen (der Kochsud ist bestens für Suppen geeignet). Die Schwarte vorsichtig so entfernen, dass eine Fettschicht auf dem Fleisch verbleibt. In das Fett ein Rautenmuster (von rund 3 cm Kantenlänge) einschneiden und in jede Raute eine Gewürznelke stecken. Den Orangensaft über das Fleisch gießen. Dann den Schinken mithilfe eines feinen Siebs zunächst mit dem braunen Zucker, dann mit dem Senfpulver bestäuben.

Den Schinken in einen Bräter legen und 15 Minuten im Ofen garen. Dann rundum mit dem Bratensaft begießen, weitere 15 Minuten garen und erneut begießen. Dann herausnehmen und auf ein Tranchierbrett legen. Den Schinken 10–15 Minuten ruhen lassen, bevor er in dünne Scheiben geschnitten wird.

Die Schweinebacken aus dem unteren Bereich des Schweinskopfs sind ziemlich fett und haben einen intensiven Geschmack. Am liebsten verarbeiten wir sie zu eingemachtem Fleisch, weil ihr Geschmack und ihre Textur so am besten zur Geltung kommen. Mit knusprigem Brot serviert, schmeckt dieses Gericht, das einfach zuzubereiten ist, ganz hervorragend.

ERGIBT 2 KLEINE EINMACHGLÄSER

SCHWEINEBACKEN

2 Schweinebacken

2 Karotten, grob gehackt

1 Zwiebel, halbiert

1 Selleriestange

SCHINKENTÖPFCHEN

2 Zwiebeln, gewürfelt

Zesten von 1 Orange

1 EL körniger Senf

1 TL Dijon-Senf

1 Prise gemahlene Gewürznelke

Saft von 1 Zitrone

1 EL frisch gehackter Thymian

ZUM FERTIGSTELLEN

75 g Butter, zerlassen

2 frische Thymianzweige

SCHINKENTÖPFCHEN

Die Schweinebacken zusammen mit Karotten, Zwiebel und Sellerie in einen großen Topf geben. Mit Wasser bedecken und aufkochen, dann die Hitze reduzieren und 3–4 Stunden köcheln lassen. Das Fleisch herausnehmen und beiseitestellen. Den Sud mindestens auf die Hälfte einkochen. Sobald die Schweinebacken abgekühlt sind, das Fett entfernen und das Fleisch in eine Schüssel geben.

Die Zutaten für die Schinkentöpfchen und 2 Esslöffel des reduzierten Suds dazugeben und gut durchmischen. Die Masse in zwei kleine Einmachgläser füllen, mit einer Schicht zerlassener Butter versiegeln und mit einem Thymianzweig garnieren. Im Kühlschrank erstarren lassen. Hält sich 3–5 Monate.

Zerlassene Butter zum Versiegeln der Fleischmischung

Ein Rollmops ist ein Heringsfilet, in das verschiedene Zutaten, meist Zwiebelringe und Essiggurken, eingerollt werden. Das Ganze wird von zwei Holzspießchen zusammengehalten und dann mariniert. Rollmöpse werden gerne direkt aus der Hand oder auf Brot gegessen. Ein geöffnetes Glas hält sich noch 2–3 Wochen im Kühlschrank.

ERGIBT 6 STÜCK

1 Zwiebel, in dünnen Ringen
1 Essiggurke
6 Heringfilets
Salz und frisch gemahlener schwarzer Pfeffer
500 ml Weißweinessig
200 ml Wasser
50 g Zucker
2 Lorbeerblätter
10 Wacholderbeeren, leicht zerdrückt
6 Pfefferkörner

ROLLMOPS

Wasser in einem kleinen Topf aufkochen. Die Zwiebelringe darin 10 Sekunden blanchieren, dann herausheben und mit kaltem Wasser abschrecken. Die Essiggurke längs in acht Scheiben schneiden.

Die Heringsfilets mit der Hautseite nach unten auf ein Brett legen. Mit Salz und Pfeffer würzen, dann auf jedes Filet einige Zwiebelringe und eine Gurkenscheibe (die beiden Randscheiben werden nicht verwendet) legen. Anschließend die Filets zusammenrollen und mit Holzstäbchen sichern.

Die gerollten Filets in einen Topf legen, in dem sie gerade eben nebeneinander Platz haben. Die restlichen Zutaten zugeben und bei schwacher Hitze aufkochen. 1 Minute köcheln, dann vom Herd nehmen und die Filets im Sud abkühlen lassen.

Die kalten Rollmöpse in sterile Einmachgläser füllen und mit der Marinade bedecken. Versiegeln und in den Kühlschrank stellen. Nach 1 Woche sind sie durchgezogen und servierfertig. Gekühlt halten sie sich bis zu 6 Monate.

METHODE 2

GEPÖKELTES RINDFLEISCH

Rindfleisch wird seltener gepökelt als Schweinefleisch. Bekannt ist das im eigenen Saft gegarte Corned Beef. Rinderbrust ist ein ideales Stück für diese Zubereitung; sie wird durch ihren hohen Fett- und Bindegewebsanteil beim Garen unglaublich saftig, denn in der Konsistenz gleicht sie dem Schweinebauch. Gepökeltes Rindfleisch wird heute immer beliebter mit wiederentdeckten Spezialitäten wie Corned Beef (siehe Seite 36) und Pastrami (siehe Seite 108). Und das Schöne daran: Die Zubereitung zu Hause ist ganz einfach.

VORBEREITUNG DER LAKE

Es gibt zwei Möglichkeiten, Aromastoffe in die Lake zu geben. Man kann alle Zutaten, bis auf das Salz, in einen großen Topf geben und aufkochen. Dann das Salz unter Rühren darin auflösen. Den Schaum von der Oberfläche abschöpfen und die Lake erkalten lassen. Die kalte Pökellake zum Fleisch geben. Die Gewürze kann man absieben oder bis zum Ende des Pökelns in der Lake belassen, je nachdem, wie würzig man das Fleisch wünscht.

Alternativ kann man die aromatischen Zutaten auf ein Stück Mulltuch legen, das zu einem Säckchen geformt und mit Zwirn zugebunden wird. Durch einige Schläge mit dem Messerrücken oder einem Nudelholz auf den Beutel werden die Aromen freigesetzt. Das Gewürzsäckchen kann dann mit den Knoblauchzehen zur kalten Lake gegeben oder in der Lake vor dem Abkühlen mitgekocht werden.

PÖKELN DER RINDERBRUST

Man braucht einen Pökelbehälter mit Deckel oder einen großen, stabilen Gefrierbeutel. Der Behälter sollte nur wenig größer als das zu pökelnde Fleischstück sein. Die Lake in den Behälter gießen und das Fleisch einlegen. Es muss vollständig bedeckt sein. Das Gefäß mit einem Deckel abdecken und 1 Woche kühl stellen. Das Fleisch täglich wenden.

GAREN DER RINDERBRUST

Nach 7–10 Tagen die Rinderbrust aus der Lake nehmen, kurz abspülen und mit Küchenpapier trocken tupfen. In einen großen Topf legen und mit frischem Wasser bedecken, dann jeweils eine gehackte Karotte, Zwiebel und Selleriestange zugeben. Das Fleisch 3–4 Stunden köcheln lassen, bis es sich leicht mit einem spitzen Messer einstechen lässt.

VORSCHLAG: GEPÖKELTES SCHWEIN

Gepökeltes Schweinefleisch wird ganz ähnlich hergestellt. Auch sehr fette Stücke lassen sich pökeln – in Streifen geschnitten, schmecken sie in Suppen oder als Bestandteil von Salami.

Für 750 g Schweinebauch werden 300 g Salz in 4 l Wasser aufgelöst. Dazu kommen 1 Teelöffel Pfefferkörner, ein Lorbeerblatt, vier Gewürznelken und je 1 Teelöffel geriebene Muskatnuss und Senfkörner. Das Fleisch in die Lake legen und 2–4 Tage kühl stellen. Aus der Lake nehmen, mit kaltem Wasser abspülen und vor der Weiterverarbeitung trocken tupfen.

AROMATISIERTE LAKE FÜR RINDFLEISCH

Für 1 kg Rinderbrust

- 4 l Wasser
- 400 g Salz
- 200 g Zucker
- 2 Lorbeerblätter
- 25 g Gewürzmischung aus Piment, Wacholderbeeren, Senfkörnern, Koriandersamen, getrockneten Chilis, Ingwer und Gewürznelken im Säckchen
- 3 Knoblauchzehen

RINDFLEISCH PÖKELN

1

In einem Topf Wasser, Salz, Zucker und Lorbeerblätter aufkochen und abkühlen lassen. Die Gewürzmischung auf ein Stück Mull geben und als Säckchen zusammenbinden.

2

Durch kräftige Hiebe mit dem Messerrücken oder Nudelholz auf das Gewürzsäckchen die Aromen erschließen. Die Knoblauchzehen schälen.

3

Die kalte Lake in eine Glasform gießen, Gewürzbeutel, Knoblauch und Rindfleisch dazugeben. Abdecken und 1 Woche in den Kühlschrank stellen, dabei täglich wenden.

Dieses schnelle und einfache Rezept ist eine ungewöhnliche Variante, um gepökeltes Rind als Vorspeise oder Zwischenmahlzeit zu servieren. Die Brennnesselmayonnaise harmoniert hervorragend mit dem Fleisch. Anstelle der Brennnesseln kann man auch Brunnenkresse verwenden.

FÜR 4 PERSONEN

BRENNNESSELMAYONNAISE

- 200 ml Pflanzenöl, plus etwas mehr für die Brennnesseln
- 125 g junge Brennnesselblätter
- 1 Knoblauchzehe, in feinen Scheiben
- 1 großes Eigelb
- 1 TL Dijon-Senf

RINDERKROKETTEN

- 450 g kaltes gepökeltes Rind
- 2 Eier
- 100 ml Milch
- 100 ml Bier
- 3 EL Senf
- 1 TL Cayennepfeffer
- Salz und frisch gemahlener schwarzer Pfeffer
- Pflanzenöl, zum Frittieren

RINDERKROKETTEN MIT BRENNNESSELMAYONNAISE

Für die Mayonnaise etwas Pflanzenöl in einem Topf erhitzen, dann Brennnesselblätter und Knoblauch zugeben und 2 Minuten sautieren. Zum Abkühlen beiseitestellen. Das Eigelb mit dem Senf in einen Mixer füllen und mixen. Wenn die Mischung glatt ist, bei laufender Maschine jeweils in kleinen Portionen das Öl zugießen, bis es gut integriert ist und die Mayonnaise dicklich wird. Den Mixer ausschalten, die Brennnesseln einfüllen und zu einem Püree vermixen.

Das gepökelte Rindfleisch fein zerkleinern und zu großen Kugeln formen. Eier, Milch, Bier, Senf, Cayennepfeffer, Salz und Pfeffer zu einem Ausbackteig verrühren. Die Kroketten in die Mischung tauchen und dann bei 270 °C 2–3 Minuten frittieren, bis sie goldbraun sind. Auf Küchenpapier abtropfen lassen und noch warm mit einem leicht angemachten Rucolasalat, der Brennnesselmayonnaise und einigen Essiggürkchen servieren.

Wir plädieren für eine Renaissance des Corned Beefs. Selbst gemachtes Corned Beef ist sehr geschmacksintensiv – ganz anders als die Variante aus der Büchse. Dieses Rezept verwandelt ein klassisches Frühstücksrezept in ein herzhaftes Abendessen mit irischem Charme.

FÜR 4 PERSONEN

1 kg gepökelte Rinderbrust
1 Zwiebel, grob gehackt
1 Karotte, grob gehackt
1 Selleriestange, grob gehackt
Butter
2 große weiße Zwiebeln, fein gewürfelt
4 Kartoffeln, fein gewürfelt
2–3 EL reduzierter Kochsud aus dem Pökelprozess (siehe Seite 32)
1 EL gehackte Petersilie

IRISCHES CORNED-BEEF-HASCHEE

Für die Zubereitung des Corned Beef, das Rindfleisch zusammen mit Zwiebel, Karotte und Sellerie in einen großen Topf geben. Das Fleisch mit Wasser bedecken, aufkochen und dann bei reduzierter Hitze 3 Stunden köcheln lassen. Das Fleisch immer wieder umdrehen, sodass alle Seiten im Sud liegen. Fleisch und Gemüse aus dem Topf nehmen und zur Seite stellen. Den Sud rund 45 Minuten einkochen, bis er beginnt, einzudicken.

In einem Topf ein großes Stück Butter schmelzen und die weißen Zwiebeln darin einige Minuten garen. Dann die Kartoffeln dazugeben. Das Corned Beef in Würfel schneiden und mit dem reduzierten Sud in den Topf füllen. 15–20 Minuten kochen, bis die Kartoffeln und das Fleisch leicht braun werden. Mit Petersilie bestreuen und servieren.

Gepökelter Speck wird meist aus dem Bauchspeck des Schweins hergestellt. Er hat mehr Geschmack als unbehandelter Speck und gart auch schneller. Zusammen mit Zwiebeln und Kartoffeln ist gesalzener Speck ein wichtiger Bestandteil eines klassischen Meeresfrüchte-Chowder.

FÜR 4–6 PERSONEN

- 24 Venusmuscheln (250 g)
- 25 g Butter
- 150 g gepökelter Speck, fein gewürfelt
- 1 große Porreestange, fein gehackt
- 1 große Zwiebel, grob gehackt
- 2 Selleriestangen, fein gehackt
- 500 g Kartoffeln, geschält und gewürfelt
- 600 ml Milch
- 300 g Sahne
- 1 Lorbeerblatt, fein gehackt
- Salz, schwarzer und weißer Pfeffer

SALZSPECK & CLAM CHOWDER

Die Venusmuscheln säubern und alle Muscheln wegwerfen, die offen sind oder sich beim Draufklopfen nicht schließen. Mit etwas Wasser in einen großen Topf geben, den Deckel auflegen und bei starker Hitze einige Minuten kochen, bis sich die Muscheln geöffnet haben. Alle dann noch geschlossenen Muscheln wegwerfen. Den Sud in einen anderen Behälter abgießen, er wird der Suppe später zusätzlich Aroma verleihen. Sobald die Muscheln etwas abgekühlt sind, das Fleisch aus den Schalen lösen. Einige Muscheln mit Inhalt als Garnitur aufheben. Das Muschelfleisch in etwa 1 cm große Stücke schneiden.

Die Butter im selben Topf zerlassen und den Speck zugeben. Wenn er zu bräunen beginnt, Lauch, Zwiebel und Sellerie zugeben und unter Rühren weich kochen. In einem anderen großen Topf Kartoffeln, Milch und Sahne mit dem Lorbeerblatt auf mittlerer Hitze erwärmen und die Kartoffeln fast gar kochen. Den Inhalt des anderen Topfs und den Muschelsud zur Kartoffelmischung geben und 5 Minuten köcheln. Dann die zerkleinerten Muscheln dazugeben und mit Salz und weißem Pfeffer abschmecken.

Zum Servieren die ganzen Venusmuscheln auf die Teller verteilen, Chowder darübergeben und mit gemahlenem schwarzem Pfeffer bestreuen.

2

TROCKEN-PÖKELN

WISSENSWERTES

TROCKENPÖKELN

Man könnte sagen, Trockenpökeln ist wie Nasspökeln – nur ohne Wasser. Dieses Verfahren ist seit der Antike zur Haltbarmachung weit verbreitet. Unsere Vorfahren kannten vielleicht nicht die chemischen Vorgänge, doch die sind relativ einfach: Fast jedes Fleisch enthält einen hohen Wasseranteil, der muss entzogen werden, damit das Produkt nicht verdirbt. In das Fleisch eingeriebenes Salz zieht das Wasser heraus und hemmt das Wachstum von Enzymen und Mikroben.

SO FUNKTIONIERT TROCKENPÖKELN

Bei näherer Betrachtung erkennt man, wie komplex die Struktur unserer Nahrungsmittel ist. Für das Pökeln ist es nützlich, wenn wir mehr über die Wirkung von Enzymen und Mikroorganismen wissen sowie die Fleischstruktur kennen. Enzyme können als spezialisierte Proteine die Reifung fördern, aber auch den Fäulnisprozess einleiten. Der einfachste Weg, Enzyme zu stoppen, ist das Garen oder Tiefkühlen der Lebensmittel. Schimmel, Hefen und Bakterien sind Mikroorganismen, die man teilweise gezielt einsetzt, um Aromen zu erzeugen (z. B. bei reifem Käse), die, wenn sie außer Kontrolle geraten, aber ein Produkt verderben können.

Die verschiedenen Bakterientypen können unterschiedliche Salzgehalte überleben. Salmonellen werden schon durch eine Salzkonzentration von 3 % gehemmt, wohingegen Staphylokokken viel höhere Salzgehalte vertragen. Der Pökelvorgang muss eine ausreichende Salzung bewirken, um unerwünschten Verderb auszuschließen. Doch es geht beim Trockenpökeln nicht nur um den Kampf gegen Mikroorganismen, sondern vor allem um die Geschmacksveränderung, speziell wenn Kräuter und Gewürze hinzukommen.

Salz ist die wichtigste Zutat. Besser als normales feines Speisesalz sind gröbere Salzvarianten wie Stein- oder Meersalz, die etwas „sanfter" einwirken. Die Trockenpökelung passiert nicht sofort, das Salz braucht Zeit, um ins Fleisch einzudringen und die Feuchtigkeit herauszuziehen. Man sollte nicht vergessen, dass das Fleisch in der Pökelphase anfällig ist und kühl gelagert werden muss. Nicht zufällig hat man früher zu Beginn des Winters eingepökelt, wenn die Herbstvorräte erschöpft waren und die kalte Jahreszeit begann. Salz alleine kann das Fleisch austrocknen, es wird hart und zu salzig, verliert oft auch seine Farbe, weshalb meist etwas Zucker zugefügt wird.

HINWEISE

- Unbedingt nur Fleisch und Fisch von guter Qualität verwenden.
- Alle benötigten Utensilien sorgfältig reinigen.
- Fett und unerwünschte Teile vor dem Pökeln wegschneiden.
- Das Salz gut in das Fleisch oder den Fisch einreiben, besonders in Falten und Risse.
- Lebensmittelgeeignete Behälter aus glasiertem Steingut, Kunststoff oder Hartholz verwenden.
- Fleisch oder Fisch beim Pökeln kühl lagern.
- Trockenpökeln braucht Zeit, also Geduld – gut Ding will Weile haben.

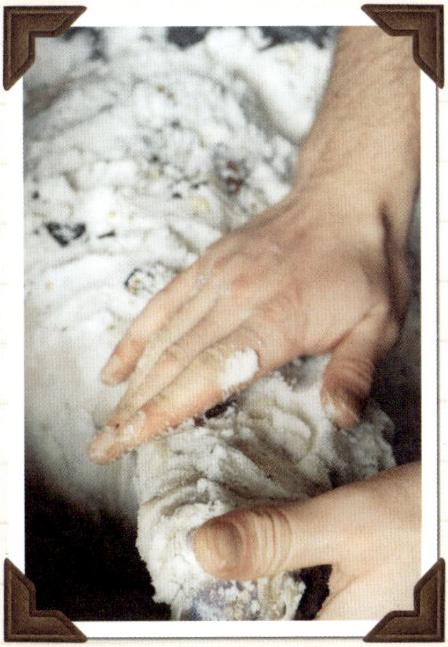

Die meisten Fleischarten kann man trocken pökeln.

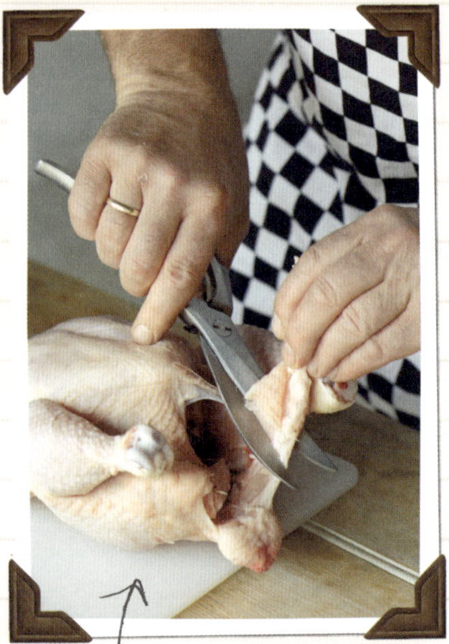

Es ist wichtig, mit der bestmöglichen Qualität bei Fleisch und Fisch zu beginnen.

BASISPÖKELMISCHUNG

Für die Basismischung zum Trockenpökeln mischt man Salz und Zucker im Verhältnis 3:1. Pro Kilogramm Fleisch oder Fisch werden mindestens 100 g der Pökelmischung benötigt. Am besten pökelt man mehrere Fleisch- oder Fischstücke auf einmal. Für 5 kg Fleisch braucht man z. B. mindestens 500 g Pökelmischung aus 375 g Salz und 125 g Zucker.

ZUSÄTZLICHE AROMEN

Sie können die Salzmischung mit fast allen Aromen kombinieren. Grob gemahlene Gewürze bringen, vor allem wenn man sie vor dem Zerkleinern anröstet, mehr Geschmack als Kräuter. Bewährt haben sich getrocknete Chilis, Sternanis, schwarze Pfefferkörner und Kardamomkapseln. Anstatt Zucker kann man auch Sirup, Honig oder Melasse verwenden.

EINSALZEN

Man braucht einen Behälter mit Ablauflöchern aus Kunststoff, glasiertem Steingut oder Hartholz (Pökelfass). Metallgefäße sind nicht geeignet. Die einzelnen Fleisch- oder Fischstücke sorgfältig mit der Pökelmischung einreiben, dabei besonders auf Risse und den Bereich um die Knochen achten. Den Boden des Behälters dick mit Pökelsalz bestreuen, die Fleisch- oder Fischstücke so einlegen, dass sie sich nicht berühren, dabei sollte die Hautseite immer unten liegen. Man beginnt mit den größten Stücken. Mit einer Schicht Pökelmischung bedecken und die zweite Lage Fleisch oder Fisch hineinschichten. Mit einer Schicht Pökelsalz abschließen. Einen Deckel auf das Gefäß legen und am besten mit einem Gewicht beschweren. Der Behälter wird in eine Abtropfschale gestellt und an einem kühlen Ort 4 Tage gelagert. Achten Sie darauf, dass die austretende Flüssigkeit ablaufen kann.

Nach 4 Tagen das Fleisch aus dem Behälter nehmen und gut umhüllt mit Pökelsalz erneut hineinschichten. Dabei noch offensichtlich ungepökelte Partien besonders intensiv mit Salz einreiben. Für diesen zweiten Durchgang rechnet man pro Kilogramm Fleisch 2 Tage. Kleinere Stücke sollten oben liegen, denn sie müssen nicht so lange pökeln wie die großen.

PÖKELDAUER

Die Dauer des Pökelvorgangs hängt von vielen Variablen ab:

- Bei kaltem Wetter kann das Pökeln unter Umständen länger dauern als bei warmem.
- Dicke Fleisch- und Fischstücke brauchen länger zum Pökeln als dünne.
- Auch der persönliche Geschmack spielt eine Rolle.

TROCKENPÖKELUNG UND ZEIT

PRODUKT	SALZ	ZUCKER	ZEIT
ENTE, BRUST rund 1 kg	100g	30g	6 Tage
SCHWEIN, BAUCH ODER RÜCKEN rund 2 kg	2 kg	200 g	8 Tage
SCHWEINEKEULE rund 6 kg	600 g	200 g	21 Tage

METHODE 3

TROCKEN GEPÖKELTES SCHWEIN

Die verschiedenen Stücke des Schweins liefern beim Trockenpökeln ganz unterschiedliche Geschmacksrichtungen und Texturen. Uns schmecken Backen, Haxen und Hals besonders gut. Bis auf das teure und zarte Filet lohnt es sich eigentlich, jedes Stück vom Schwein zu pökeln. Besonders beeindruckend ist das Einsalzen einer ganzen Keule, doch am besten beginnt man mit Speck.

AUSWAHL DES FLEISCHSTÜCKS

Wenn Sie noch wenig Erfahrung mit der Fleischzerlegung haben, lassen Sie das Fleisch von Ihrem Metzger vorbereiten. Das große Mittelstück vom Schwein, bestehend aus Rippenkoteletts und Bauch mit Schwarte, ist etwas Besonderes und eignet sich nach dem Trockenpökeln gut zum Kalträuchern (siehe Seite 142). Der Hals ergibt einen saftigen, gut durchwachsenen Speck.

VORBEREITUNG DER SALZMISCHUNG

Die Zutaten der Pökelmischung vermengen. Für ein entbeintes Mittelstück von rund 2 kg braucht man 200 g grobes Salz und 75 g braunen Zucker. Beim ersten selbst gemachten Speck beschränken Sie sich am besten auf Salz und Zucker. Wenn gewünscht, werden in dieser Phase im Mörser zerstoßene Gewürze oder Kräuter zugegeben. Das Pökeln einer ganzen Schweinekeule ist ein größeres Vorhaben, doch die Anteile von Salz und Zucker bleiben gleich.

Beginnen Sie mit Speck.

PÖKELVORGANG

Nach 4 Tagen das Fleisch aus dem Behälter nehmen und die verbliebene Salzmischung abbürsten. Das Fleisch hat seine Konsistenz verändert, es ist fester geworden. Das Fleisch erneut mit Pökelmischung einreiben und wieder in den Behälter legen. Weiche und offensichtlich kaum gepökelte Partien besonders intensiv einreiben und mit reichlich Salzmischung bedecken. Diesen Vorgang nach 2 Tagen wiederholen und nach weiteren 2 Tagen erneut, sodass sich eine Gesamtpökelzeit von 8 Tagen ergibt. Das Fleisch unter kaltem Wasser abspülen, mit Küchenpapier trocken tupfen und an einem kühlen Ort zum vollständigen Trocknen aufhängen, anschließend verpacken und im Kühlschrank lagern.

Der Geschmack entscheidet. Machen Sie sich Notizen zu den Arbeitsschritten, um diese später entsprechend anzupassen zu können.

SCHWEIN TROCKEN PÖKELN

PÖKELMISCHUNG FÜR SCHWEINEKEULEN

Für 6 kg Schweinekeule

- 600 g Salz
- 200 g Zucker
- 10 Sternanise
- 10 Lorbeerblätter
- 3 TL schwarze Pfefferkörner
- 3 TL Koriandersamen
- 6 getrocknete Chilis

Die Gewürze im Mörser grob zerstoßen und zusammen mit Salz und Zucker in eine Schüssel geben.

Einen Teil der Pökelmischung in das Fleisch einreiben. Eine Schicht der Mischung in einen Kunststoff- oder Holzbehälter mit Deckel und Abflusslöchern am Boden füllen.

Das Fleisch mit der Fettseite nach unten auf das Salzbett legen und mit einer dicken Lage Pökelmischung bedecken.

Sollte noch Pökelmischung übrig sein, diese um das Fleisch geben. Mit einem sauberen Küchentuch abdecken und zum Pökeln an einen kühlen Ort stellen.

Die Nudeln nehmen die gehaltvolle Sauce auf, doch die Krönung ist der knusprige Speck. Selbst gemachter Pesto ist natürlich am besten, doch man kann ihn auch fertig kaufen.

FÜR 4 PERSONEN

500 g Pasta (am besten Linguine)
1 TL Olivenöl
200 g trocken gepökelter Schinkenspeck, in feine Streifen geschnitten
½ Zwiebel, fein gewürfelt
10 getrocknete Tomaten, fein gehackt
200 g Crème fraîche

PESTO

1 Handvoll frische Basilikumblätter
3 Knoblauchzehen
1 EL Pinienkerne
1 EL frisch geriebener Parmesan
natives Olivenöl extra

PASTA MIT SCHINKENSPECK & PESTO

Für den Pesto Basilikumblätter, Knoblauch, Pinienkerne und Parmesan in einem Mörser oder einem Mixer zerstoßen bzw. zerkleinern. Dann so viel Olivenöl einarbeiten, dass eine dicke Paste entsteht.

Wasser in einem großen Topf aufkochen, Nudeln und Öl hineingeben und 1 Minute kürzer, als auf der Packung angegeben, kochen.

Während die Nudeln kochen, den Schinkenspeck in einer großen Pfanne ohne Öl bei starker Hitze braten, bis er knusprig wird. Die Zwiebel zugeben und weitere 3 Minuten braten, dann Pesto und getrocknete Tomaten unterrühren und nochmals 3 Minuten garen. Zum Schluss die Crème fraîche unterrühren und vom Herd nehmen.

Die gegarten Nudeln abgießen, in die Pfanne geben und mit der Sauce vermischen, dann servieren.

Frisch zubereiteter Pesto ist unübertrefflich.

METHODE 4

TROCKEN GEPÖKELTE ENTE

Entenbrust ist relativ teuer, dafür aber gehaltvoll und entsprechend ergiebig. Wird sie herkömmlich in der Pfanne oder im Backofen gebraten, rechnet man pro Person eine ganze Brust. Wird sie gepökelt, dünn aufgeschnitten und gegart, reicht eine Brust für bis zu drei Personen. Zudem konserviert der Pökelprozess das Fleisch, das sich gut im Kühlschrank hält – ein einfache, schnelle und geschmackvolle Mahlzeit.

VORBEREITUNG TROCKENPÖKELUNG

Einfach alle Pökelzutaten vermischen. Den Boden eines mit Drainagelöchern versehenen Behälters mit einer Lage der Mischung bedecken. Die Entenbrust damit einreiben, mit der Hautseite nach unten in den Behälter legen und mit einer Schicht Pökelmischung bedecken.

PÖKELVORGANG

Nach 4 Tagen die Entenbrust herausnehmen und die Pökelmischung abbürsten. Das Entenfleisch hat seine Struktur verändert und ist fester geworden. Je nach Dicke sind noch 1–2 Tage Pökelzeit nötig. Die fertig gepökelte Entenbrust sollte beim Druck zwischen Daumen und Zeigefinger kaum nachgeben. Die Mischung erneut ins Fleisch einreiben und die Brust wieder in das Pökelgefäß legen. Weiche und kaum gepökelte Partien besonders intensiv einreiben und mit reichlich Salzmischung bedecken. Sobald die Entenbrust fertig gepökelt ist, das anhaftende Salz unter kaltem Wasser abspülen, dann mit Küchenpapier trocken tupfen. Die Brust zum Trocknen aufhängen. Im Kühlschrank hält sie sich 2–3 Wochen.

VORSCHLAG: PUTE

Auch dunkles Putenfleisch lässt sich gut trocken pökeln. Man muss aber Ober- und Unterschenkel oder das Pfaffenstückchen nehmen, denn die Brust und anderes weißes Fleisch ist für das Trockenpökeln zu mager. Leicht gepökelt und heiß geräuchert ist Putenfleisch sehr delikat (siehe Seite 112).

PÖKELMISCHUNG FÜR ENTENBRUST

Für 4 Entenbrüste mit 1 kg Gesamtgewicht

- 1 Orange
- 3 Sternanise
- 1 getrocknete Chili
- 100 g Steinsalz
- 30 g brauner Zucker
- ein kleiner Bund frische Thymianzweige

Mit einem Sparschäler die Schale der Orange dünn abziehen. Die Gewürze im Mörser grob zerstoßen und zusammen mit Orangenzesten, Salz, Zucker und Thymian in eine Schüssel geben.

ENTENBRUST TROCKEN PÖKELN

Loses Fett oder Blutreste von den Brüsten ablösen, dann jede Brust mit einem Fleischspieß auf der Hautseite bis zur Hälfte der Fleischdicke rund ein Dutzend Mal einstechen.

Den Boden eines mit Drainagelöchern versehenen Behälters mit einer Lage der Salzmischung bedecken. Die Entenbrüste mit der Mischung einreiben und in den Behälter legen.

Eine Lage Entenbrüste mit der Haut nach unten auf die Pökelmischung legen und mit Salz bedecken. Eine Lage Entenbrüste darauflegen und mit der restlichen Mischung bedecken.

Zudecken und an einem kühlen Ort 4 Tage ruhen lassen. Die Brüste aus dem Behälter nehmen, erneut mit der Mischung einreiben und im Gefäß weitere 1–2 Tage pökeln lassen.

Trocken gepökelte Entenbrust erinnert an mageren Schinkenspeck, hat aber einen ganz eigenen Geschmack. Durch das kurze Frittieren erhält man knusprige Fleischscheiben, die über den Salat gelegt werden. Salzige Entenbrust und süße Orangen harmonieren hervorragend mit dem leicht bitteren Aroma der Salatblätter.

FÜR 4 PERSONEN

Pflanzenöl, zum Frittieren
1 trocken gepökelte Entenbrust, in dünnen Scheiben
2 Blutorangen
50 g Butter
50 g brauner Zucker
1 Handvoll gemischte Salatblätter

DRESSING

4 EL natives Olivenöl extra
2 EL Apfelessig
1 EL fein abgeriebene Orangenschale
½ TL Senf

SALAT MIT KNUSPRIGER ENTENBRUST & ORANGEN

Die Zutaten für das Dressing in einer kleinen Schüssel vermischen.

In einer Fritteuse oder einem großen Topf ausreichend Pflanzenöl erhitzen und die Entenbrustscheiben kurz frittieren. Man kann die Scheiben auch portionsweise in einer Pfanne mit etwas Öl anbraten.

Mit einem Messer die Schale inklusive der weißen Unterschicht von den Orangen entfernen und das Fruchtfleisch quer in etwa 5 mm dicke Scheiben schneiden. Butter und Zucker in einer Pfanne erhitzen, bis die Mischung Blasen wirft. Die Orangenscheiben mit Küchenpapier abtupfen und in die Pfanne geben. Ohne Umrühren garen. Nach 4 Minuten sollten die Orangenscheiben karamellisiert sein, dann umdrehen und auf der anderen Seite garen.

Die Pfanne zum Abkühlen vom Herd nehmen. Den ausgetretenen Saft zum Dressing geben.

Die Salatblätter auf einer Servierplatte anrichten und die Entenbrustscheiben darüber verteilen. Mit dem Dressing beträufeln und servieren.

Ein Fisch will bewundert werden.

METHODE 5

GRAVED LACHS

Dieses Verfahren zum trockenen Beizen wurde in Skandinavien entwickelt, um den saisonalen Überfluss an Lachs zu konservieren. Man vergrub den frischen Fisch zusammen mit Salz und Kräutern im Sand oder in der Erde und holte den „fermentierten" Lachs nach Tagen, Wochen oder Monaten wieder hervor. Heute läuft der Prozess ohne Fermentation ab, doch der Lachs wird noch immer in einer trockenen Beize „vergraben". Nach diesem Verfahren kann man jeden fetten, festfleischigen Fisch verfeinern, etwa Forellen oder Lachsforellen. Eine so zubereitete Lachsseite reicht für mehrere Mahlzeiten und hält sich im Kühlschrank rund 1 Woche.

LACHS FILETIEREN

Einen selbst gefangenen Fisch zuzubereiten, ist ein besonderes Erlebnis. Wenn Sie Lachs kaufen, empfiehlt es sich, einen ganzen Fisch zu nehmen. Sie können das Filetieren Ihrem Fischhändler überlassen, doch es ist hilfreich, wenn man weiß, wie es geht – und es ist recht einfach.

1

Den Fisch, wenn nötig, ausnehmen, abspülen und trocken tupfen. Mit einem scharfen Filetiermesser auf einer Seite direkt hinter den Kiemen am Kopf einen Schnitt von oben bis zum Bauch machen.

2

Den Fisch entlang der Rückengräte vom Kopf bis zum Schwanz einschneiden und dabei das Fleisch von den Gräten lösen.

Das Fleisch anheben und entlang der Mittelgräte mit dem flach geführten Messer in Richtung Schwanz arbeitend weiter lösen.

Die ganze Lachsseite ablösen und zum Schluss die Haut am Bauch durchtrennen. Das ausgelöste Filet wird beiseitegelegt, der Fisch gedreht und das zweite Filet herausgeschnitten.

Vor dem Abtrennen der Haut müssen alle noch verbliebenen Gräten entfernt werden. Achten Sie auf im Fleisch steckende kleine Gräten, die besonders unangenehm sind. Mit den Fingern ertasten und mit einer Pinzette herausziehen.

Zum Schluss das Filet häuten. Das Messer am Schwanz flach ansetzen und durch vorsichtige Schneidebewegungen das Fleisch von der Haut „abheben". Wenn nötig, in Form schneiden. Die Reste zu Fischfond verarbeiten.

KLASSISCHER GRAVED LACHS

Für eine 750-g-Lachsseite

1 großer Bund frischer Dill, gehackt
100 g Zucker
Meersalz
schwarzer Pfeffer

Dill und Zucker in einer Schüssel vermischen und mit reichlich Salz und etwas Pfeffer würzen. Dann folgen Sie den Schritt-für-Schritt-Anleitungen auf dieser Seite.

Die Hälfte der Dillmischung auf den Boden einer flachen, glasierten Auflaufform geben und den Lachs darauflegen.

Den Lachs gleichmäßig mit der restlichen Dillmischung bedecken.

Lose mit einem Stück Frischhaltefolie abdecken. Dann einen passenden Deckel als Presse auflegen und gleichmäßig beschweren, am besten mit vollen Konservendosen. 24 Stunden kühl stellen.

MACHEN SIE IHRE EIGENE LACHSPRESSE

Als Pressgefäß eignet sich jeder glasierte Behälter, der groß genug ist, um die Lachsseite aufzunehmen. Nehmen Sie den Behälter als Vorlage und sägen Sie ein Brett zu, das gut in ihn hineinpasst. Um den Deckel leicht aus dem Gefäß herausnehmen zu können, bringen Sie mit einer rostfreien Schraube einen Holzknopf als Griff an.

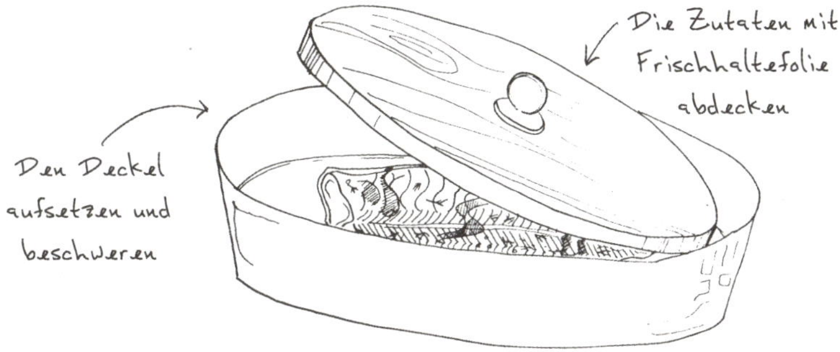

VORBEREITUNG DER BEIZE

Eine Dillbeize ist für den klassischen Graved Lachs hervorragend, doch auch andere Aromen eignen sich gut. Probieren Sie anstelle von Dill und schwarzem Pfeffer Orangen- und Zitronenzesten oder nehmen Sie 3 Esslöffel geriebenen Meerrettich.

FERTIGSTELLEN

Vor dem Servieren, den Graved Lachs gründlich unter kaltem Wasser abspülen, um die Reste der Beize zu entfernen. Mit Küchenpapier trocken tupfen. Eine Seite des Lachses ganz mit fein gehackten Dillspitzen bedecken. Die bitteren Stiele vorher entfernen. In Folie verpacken und bis zum Gebrauch kühl stellen.

SERVIEREN

Den Graved Lachs mit der Dillseite nach oben auf eine Platte legen. Mit dem Filetiermesser quer zu den Fasern schräg dünne, gleichmäßige Scheiben schneiden.

METHODE 6

EINGESALZENER KABELJAU

In Salz eingelegter Kabeljau (Klippfisch) ist ein für diese Verarbeitungsmethode typisches Gericht. Er lässt sich zu Hause aus nur zwei Zutaten einfach herstellen: Salz und Kabeljau. Das Konservierungsverfahren hat eine lange Geschichte. In heißen Ländern wurde der Fisch zuerst eingesalzen und dann in der Sonne getrocknet. Kabeljau kann man überall einsalzen, solange man einen trockenen Platz zum Lagern hat. Wir mögen den Geschmack sehr. Man sollte aber bedenken, dass der rehydratisierte Fisch nicht besonders attraktiv aussieht und deshalb am besten als eine von mehreren Zutaten in einem Gericht verwendet wird.

KABELJAUFILET EINSALZEN

Der Kabeljau mit seinem lamellenartigen, weißen Fleisch ist ideal zum Einsalzen. Man kann auch Fische wie Schellfisch einsalzen, doch dessen Fleisch, das feinere Lamellen hat, wird beim Einweichen leicht matschig. Für ein frisches Kabeljaufilet braucht man 400 g Salz.

1 Das Fischfilet waschen und trocken tupfen. Den Boden einer großen Schale mit Salz bestreuen. Das Kabeljaufilet hineinlegen und mit Salz bestreuen, bis es vollständig bedeckt ist.

2 Mit den Händen das Salz sanft in die Falten einmassieren und den Kabeljau mit einer dicken Lage Salz bedecken.

Den mit Salz bedeckten Fisch auf ein Mulltuch legen und in eine doppelte Lage Stoff einwickeln. Das Paket mit Schnur zusammenbinden.

Den so eingepackten Fisch auf ein Kuchengitter mit einem Tablett darunter legen. 24 Stunden in den Kühlschrank stellen.

Nach 24 Stunden den Fisch mit kaltem Wasser abspülen. In eine Lage Mull einwickeln und in eine Glasform legen. 1 Woche ruhen lassen, täglich wenden und die Flüssigkeit abgießen. Hält sich im Kühlschrank bis zu 9 Monate.

REHYDRATISIEREN

Den Kabeljau 24 Stunden in kaltem Wasser einweichen. Das Wasser mehrmals wechseln, um den Salzgehalt zu verringern.

Es gibt ganz verschiedene Fischaufläufe, diese Version ist unser Rezept für eingesalzenen Kabeljau (Klippfisch). Die Mornaysauce sorgt für eine üppig-cremige Konsistenz und eine appetitlich braune Oberfläche. Wir servieren dazu gerne neue, mit Kapern und Zitronenzesten garnierte Kartoffeln und Pastinakenpüree.

FÜR 4 PERSONEN

KLIPPFISCH-SPINAT-FÜLLUNG

800 g eingesalzener Kabeljau (Klippfisch), gewässert

1 Bouquet garni, nach Belieben mit frischen Thymianzweigen, Petersilienstängeln und Lorbeerblättern

500 g Spinat

50 g Butter, plus etwas mehr zum Einfetten

75 g frisch geriebener Parmesan

frisch gehackte Petersilie und Schnittlauch, zum Servieren

MORNAYSAUCE

40 g Butter

20 g Mehl

450 ml Milch

75 g Gruyère, gerieben

2 Eigelb, verquirlt

2 EL Schlagsahne extra

Salz und frisch gemahlener schwarzer Pfeffer

KLIPPFISCHAUFLAUF

Für die Sauce die Butter in einem kleinen Topf zerlassen und das Mehl einrühren, bis sich eine glatte, glänzende Paste bildet. Dann nach und nach die Milch mit einem Schneebesen unterrühren, dabei die zugegossene Milchmenge jeweils gut einrühren, bis sie vollständig eingearbeitet ist. Es soll eine seidig glänzende Sauce entstehen. Den Gruyère zugeben und unter Rühren zum Schmelzen bringen. Die Sauce vom Herd nehmen und das Eigelb unterrühren. Dann nochmals kurz aufkochen und vom Herd nehmen. Die Sahne unter die Sauce rühren und mit Salz und Pfeffer würzen.

Den Backofen auf 200 °C vorheizen. Den gesalzenen Kabeljau zusammen mit dem Bouquet garni in einen Topf mit Wasser legen. Aufkochen und bei schwacher Hitze 5–6 Minuten pochieren, bis der Fisch nicht mehr glasig, sondern weiß ist. Abgießen und den Fisch mit einer Gabel zerpflücken, dabei alle noch eventuell vorhandenen Gräten entfernen.

Wasser in einem großen Topf aufkochen und den Spinat darin 5 Minuten blanchieren. Abgießen und überschüssiges Wasser aus den Spinatblättern drücken. Die Butter in einem großen Topf zerlassen, den Spinat dazugeben und bei schwacher Hitze 5–10 Minuten dünsten. Eine mit Butter eingefettete Auflaufform mit dem Spinat auslegen, den Kabeljau darauflegen und die Mornaysauce darübergießen. Mit dem Parmesan bestreuen und im Ofen backen, bis die Oberfläche bräunt und Blasen wirft. Mit Petersilie und Schnittlauch bestreuen und servieren.

METHODE 7

KAPERN IN SALZ

Kapern sind die Blütenknospen des Kapernstrauchs (*Capparis spinosa*), der in trockenem Klima besonders gut gedeiht. Etwa auf Sizilien, wo Kapern in Gerichten wie Spaghetti alla puttanesca verarbeitet werden. Wir verwenden Kapern in vielen Gerichten, von Salaten bis hin zu Pizzas, sogar in unseren Fischfrikadellen. Wenn Sie keine frischen Kapernknospen bekommen, dann nehmen Sie unreife Samen der Kapuzinerkresse. Wir haben das Verfahren auch mit Schnittlauchknospen, Wildknoblauch und Holunderbeeren ausprobiert. Durch das Einsalzen wird die Schärfe entzogen, und die so behandelten Kapern halten sich bis zu 1 Jahr. Sie geben Salaten, Fisch oder Pastasaucen eine interessante Note.

PFLÜCKEN DER KNOSPEN

Wenn Sie glücklicher Besitzer eines Kapernstrauchs sind, dann pflücken Sie die Blütenknospen, bevor sie sich öffnen. Sonst können Sie auf Schnittlauchknospen, Wildknoblauch, Kapuzinerkressesamen und Holunderbeeren ausweichen.

Bei Schnittlauch oder Wildknoblauch als Kapernersatz die ungeöffneten Blütenknospen pflücken. Die Samen der Kapuzinerkresse erntet man direkt nach der Blüte, wenn sie noch fest und grün sind. In der Größe entsprechen sie echten Kapern. Holunderbeeren sammeln Sie kurz vor der Reife – und lassen Sie bitte für die Vögel noch einige am Busch hängen.

EINSALZEN DER KAPERN

Um die Knospen und Samen in Kapern zu verwandeln, werden sie in ein Marmeladenglas gefüllt und vollständig mit Steinsalz bedeckt. Nach 4–6 Stunden möglichst viel von dem Salz abwischen und die Kapern zusammen mit einigen Pfefferkörnern in ein luftdichtes Glas füllen. Durch die ausgetretenen Öle bleibt immer etwas Salz haften, aber das unterstützt den Konservierungsprozess. Um den Salzgehalt zu reduzieren, kann man die Kapern vor der Verarbeitung 10–15 Minuten wässern.

VORSCHLAG: KRÄUTER

Nach demselben Prinzip wie Kapern lassen sich auch Kräuter zur Lagerung einsalzen.

IN SALZ EINGELEGTE KRÄUTERMISCHUNG

Die Gewürzmischung kann im Kühlschrank aufbewahrt und für Suppen, Saucen, Eintöpfe und auch Omeletts verwendet werden.

3 EL geriebene Karotte
3 EL gehackte Frühlingszwiebeln
eine Auswahl frisch gehackter grüner Kräuter, z.B. Schnittlauch, Petersilie, Kerbel, Majoran und Bohnenkraut
grobes Salz

Karotte, Frühlingszwiebeln und gehackte Kräuter vermischen. Die Mischung in ein Glasgefäß geben und eine dicke Schicht Salz darüberstreuen. Das Gefäß verschließen und für einige Wochen in den Kühlschrank stellen. Den aus Gemüse und Kräutern ausgetretenen Saft abgießen, dann die eingesalzene Mischung in ein steriles Marmeladenglas füllen und im Kühlschrank lagern.

Ernten Sie handliche Zweige optimal ausgereifter Kräuter. Die Kräuter werden mit grobem Salz in ein luftdichtes Gefäß gefüllt. Dunkel und trocken in einem Schrank gelagert, halten sich die Kräuter einige Monate frisch. Die in Salz eingelegten Kräuter eignen sich bestens für Braten, vor allem wenn draußen wegen der Kälte kaum Kräuter gedeihen.

Eingesalzene Kräuterzweige

In den nordafrikanischen Küchen, speziell der marokkanischen, sind konservierte Zitronen eine beliebte Zutat. Anstelle von Salz eingesetzt, verleihen sie Reis- und Couscousgerichten ein wunderbares Zitronenaroma.

ERGIBT 1 GROSSES EINMACHGLAS

1 TL Koriandersamen
1 TL schwarze Pfefferkörner
1 TL Fenchelsamen
½ Zimtstange, grob zerdrückt
150 g Steinsalz oder Meersalz (kein Speisesalz)
3 Lorbeerblätter, zerstoßen
9 unbehandelte Zitronen
2 EL Weißweinessig

ZITRONEN & KRÄUTER IN SALZ

Die unzerkleinerten Gewürze und die Zimtstange in einer kleinen Pfanne etwa 1 Minute erhitzen, damit sich die Aromen entfalten. Dann in einer Schüssel mit dem Salz und den zerstoßenen Lorbeerblättern vermischen.

Die Zitronen vier- bis fünfmal durch die Schale bis zur Hälfte des Fruchtfleischs einschneiden. Das gewürzte Salz in die Einschnitte hineindrücken, dann die Zitronen in ein luftdicht verschließbares, großes Einmachglas pressen. Das verbliebene Würzsalz über die Zitronen streuen, damit sie gut damit abgedeckt sind.

Die Zitronen fest in das Glas drücken, dann den Weißweinessig und so viel kaltes Wasser angießen, dass sie gerade bedeckt sind. Den Deckel verschließen und das Glas an einem kühlen Ort lagern.

Nach etwa 1 Monat sind die Zitronen fertig. Ungeöffnet halten sie sich mehrere Jahre. Nach der Entnahme einer Zitrone darauf achten, dass der Rest immer von Flüssigkeit bedeckt ist. Danach das Glas wieder fest verschließen.

3

LUFT-TROCKNEN

WISSENSWERTES

LUFTTROCKNEN

Die Lufttrocknung gehört zu den ältesten Methoden, um Lebensmittel zu konservieren, und kann direkt nach der Pökelung erfolgen. In heißen Klimazonen trocknet man Produkte an der Sonne, um sie länger haltbar zu machen. In kühleren Regionen ist die Lufttrocknung ein langsamerer Prozess, der eine gute Luftzirkulation erfordert. Ein gewisser Feuchtigkeitsgehalt der Luft schadet nicht, denn er verhindert, dass eine Salami völlig verschrumpelt. Wenn Sie in Küstennähe leben, unterstützt eine leichte Meeresbrise den Vorgang. Die wesentlichen Faktoren für eine wirkungsvolle Trocknung sind gute Luftzirkulation, relativ konstante Temperatur und kein direkter Kontakt mit Feuchtigkeit.

SO FUNKTIONIERT LUFTTROCKNUNG

Trocknen an der Luft ist so einfach, wie es klingt. Die Trocknung von Fleisch und Fisch macht etwas mehr Arbeit als das Dörren von Obst und Gemüse, doch das Vorgehen ist identisch. Gepökeltes Fleisch wird im Freien aufgehängt, damit die Luft ihm die Feuchtigkeit entzieht und so das Wachstum unerwünschter Bakterien und Pilze verhindert.

HINWEISE

- Fleisch oder Fisch vor der Trocknung pökeln.
- Zur besseren Luftzirkulation die zu trocknenden Teile mit genügend Abstand aufhängen.
- Das Produkt regelmäßig kontrollieren und besonders auf Schimmel achten.
- Vor dem Verzehren gründlich mit einer harten Bürste und Weinessig abbürsten.
- Vertrauen Sie Ihrer Nase – wenn etwas seltsam riecht, dann sollten Sie es nicht essen!

DER PÖKELVORGANG

Dem Lufttrocknungsprozess muss man in gemäßigten Regionen, wo es häufig regnet und die Sonne nicht so oft scheint, ein wenig nachhelfen. Unter diesen klimatischen Bedingungen sollten Fleisch und Fisch vor dem Trocknen an der Luft immer gepökelt werden. Die Pökelung kann in Lake, also nass (siehe Seite 18–21) oder trocken (Seite 42–45) erfolgen. Ein Fleischstück sollte erst dann aufgehängt werden, wenn ihm bereits ein Großteil der Feuchtigkeit entzogen wurde. Bei kleineren Stücken wie Schinkenspeck dauert das nicht so lange wie etwa bei einem ganzen Schinken, doch beide brauchen Salz zur Unterstützung der Trocknung. Sobald das Salz seine Arbeit getan hat, wird es abgebürstet oder im Fall der Nasspökelung abgespült. Anschließend Fleisch oder Fisch trocknen.

PERFEKTE VERPACKUNG

Die Verpackung des Produkts ist fast genau so wichtig wie der Ort, wo es aufgehängt wird. Mullstoff ist ideal, preiswert, leicht zu beschaffen und vor allem luftdurchlässig. Wickeln Sie möglichst nur eine Lage um das Fleisch, damit genug Luft hindurchkommt und die Trocknung fördert. Ebenfalls geeignet sind feinmaschige Passiertücher. Die Umhüllung mit Schnur sichern und das Trockengut mit einem Fleischerhaken aufhängen.

Egal ob luftgetrockneter Hinterschinken oder Salami, der Geschmack macht's.

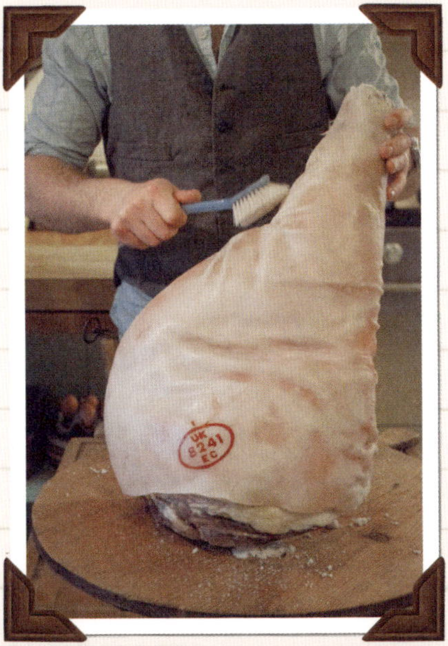

Einige Stunden Arbeit ergeben eine Handvoll Chorizo.

TROCKENBOX

Wenn Ihnen kein Schuppen zur Verfügung steht, können Sie sich eine Trockenbox bauen. Man braucht dafür Fliegengitter oder ein anderes feinmaschiges Material für die Seiten und den Boden, dazu eine Abdeckung aus Holz oder einen großen Blechdeckel zum Schutz vor Regen und einen kräftigen Haken, um die Box an einem Hausvorsprung oder Ast aufzuhängen. Das Behältnis sollte so groß sein, dass das Trockengut innen wirklich frei hängt. Alternativ können Sie auch einen entsprechenden Drahtkäfig bauen. Es kommt vor allem darauf an, dass die Luft hindurchstreichen kann und keine Insekten und anderen Tiere hineinkommen.

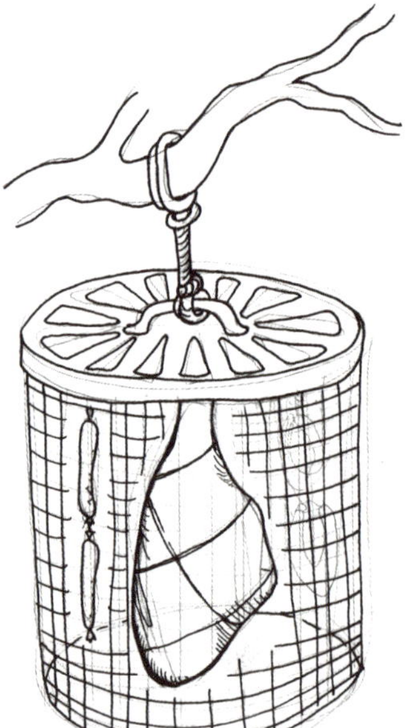

WO AUFHÄNGEN?

Wichtig für die Lufttrocknung ist der Ort, an dem Sie das verpackte Trockengut für längere Zeit (2–24 Monate) aufhängen. Folgende Anforderungen sollten erfüllt sein:

- Hoch genug, um außer Reichweite von Tieren und Kindern zu sein.
- Etwas abseits, damit man nicht ständig mit dem Kopf daran stößt.
- Vor Regen geschützt.
- An einem offenen Platz mit guter Luftzirkulation rundum.
- Am besten an einem Platz, wo es Durchzug gibt.
- Nicht direkt den Sonnenstrahlen ausgesetzt.
- Nicht völlig im Dunklen.
- Möglichst an einem Ort, an dem eine relativ gleichbleibende Temperatur herrscht.

MASCHINELLE ALTERNATIVE

Eine gute Möglichkeit zum Trocknen im Haus bieten elektrische Dörrapparate und Trockenschränke. Beide Gerätevarianten beschleunigen den natürlichen Vorgang des Feuchtigkeitsentzugs und lassen sich gut regulieren. Das ist ein entscheidender Vorteil gegenüber einer Trocknung im natürlichen Luftzug.

Diese Spezialgeräte schaffen die perfekten Umgebungsbedingungen zum Trocknen. Durch das integrierte Gebläse und die Temperatureinstellung eignen sie sich bestens für Fleisch und Gemüse. Der Nachteil ist, dass sie relativ teuer sind. Man kann auch improvisieren und einen alten Küchenschrank mit Drahtregalen ausstatten und unten einen elektrischen Ventilator hineinstellen. Oben werden einige Löcher in der Größe von Flaschenkorken gebohrt, um über Verschließen oder Öffnen mit Korken den Luftstrom zu regulieren.

WIE LANGE DAUERT ES?

Je länger ein Produkt luftgetrocknet wird, umso länger hält es sich und umso intensiver schmeckt es.

PRODUKT	TROCKENDAUER
luftgetrockneter Schinken	4–18 Monate
Mojama (Thunfischlende)	1 Monat
Bresaola (Rind)	3 Wochen
Jerky	2 Wochen
Hammel	1 Monat
Salami	1–2 Monate

METHODE 8

SCHINKEN

Der Parmaschinken ist für viele die Krönung aller luftgetrockneten Schinken und gehört zu den bekanntesten italienischen Produkten überhaupt. Wir stellen jedes Jahr unsere eigene Version nach einer einfachen Methode her. Halten Sie sich genau an die Anweisungen und die angegebenen Zutaten, um einen Fehlschlag zu vermeiden. Jedes Fleischstück ist geeignet, für den täglichen Genuss bevorzugen wir eine entbeinte Keule. Beginnen Sie zunächst mit kleineren Stücken, etwa Schinkenspeck oder Schweinebacken. So können Sie das Aroma der Salzmischung variieren, bis Sie Ihre bevorzugte Würzmischung gefunden haben und sich an einen großen Schinken wagen können.

VORBEREITUNG DER PÖKELUNG

Kaufen Sie reichlich Salz ein, denn Sie müssen immer wieder das Salz ersetzen, das während des Pökelns durch die aus dem Schinken austretende Flüssigkeit aufgelöst wird. Wir verwenden einfaches Speisesalz. Geben Sie die aromatisierte Salzmischung in einen großen Kunststoffbehälter (idealerweise mit passendem Deckel), in dessen Boden Löcher gebohrt wurden, damit die aus dem Fleisch austretende Flüssigkeit abfließen kann.

SCHINKEN PÖKELN

Das Fleisch in den Behälter legen und das Salz gleichmäßig einmassieren. Die Schwarte intensiv bearbeiten, vor allem die Hautlappen und Falten. Dann das Fleisch vollständig mit der Salzmischung bedecken. Den Behälter auf ein großes Kunststofftablett setzen und mindestens 10 Tage kühl stellen – im Kühlschrank, wenn genügend Platz ist. Alle paar Tage nachsehen und die ausgetretene Lake abgießen. Diese Lake entsteht, wenn sich die aus dem Fleisch austretende Flüssigkeit mit dem Salz vermischt. Das verbrauchte Salz immer durch frisches ersetzen und gut in das Fleisch einreiben.

VORBEREITUNG DER TROCKNUNG

Nach 16 Tagen das Fleisch aus dem Salz nehmen und die Mischung mit einer harten Bürste und reichlich Apfelessig vom Fleisch abbürsten. Den Schinken in ein großes Stück Mull oder ein Passiertuch einwickeln und mit Schnur fest verschnüren.

ZUM TROCKNEN AUFHÄNGEN

Jetzt wird das Fleisch an einem trockenen, gut belüfteten Ort aufgehängt. Fleischerhaken sind dafür bestens geeignet. Lassen Sie den Schinken in einem Schuppen oder unter einem Hausvorsprung mindestens 18 Wochen hängen. Je länger er hängt, umso intensiver der Geschmack und trockener das Fleisch. Ist das Fleisch angeschnitten, kann es nicht wieder zum Trocknen aufgehängt werden.

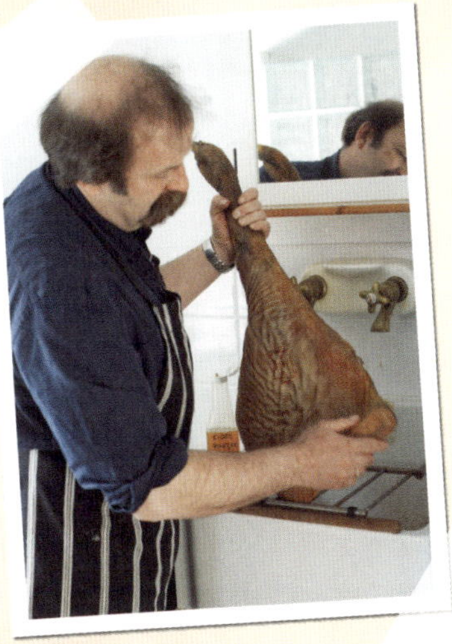

FERTIGSTELLEN

Nach mindestens 18 Wochen Trocknen das Mulltuch entfernen und von der Oberfläche allen Schimmel gründlich mit Apfelessig abschrubben. Das gelbliche Fett vollständig wegschneiden. Mit Küchenpapier oder einem sauberen Küchentuch trocken tupfen.

SERVIEREN

Den Schinken in dünne Scheiben schneiden. Den Schinkenanschnitt als „Deckel" aufheben. Die Schnittstelle mit Fett einreiben und den Schinken zum Lagern bei Raumtemperatur in ein Küchentuch einwickeln. Im Handel werden zum Aufschneiden großer Schinken spezielle Holzgestelle angeboten.

VORSCHLAG: MOJAMA

Mojama ist ein dickes Thunfischfilet, das in Spanien traditionell mindestens 1 Monat an der heißen, windigen Küste an der Luft getrocknet wird. Es verliert dabei die Hälfte an Gewicht und bekommt einen besonders intensiven Geschmack. Im Kühlschrank hält es sich mehrere Wochen. Das Filet wird 2 Tage in einer Salz-Zucker-Mischung gepökelt, dann 3–4 Wochen an der Luft getrocknet.

SALZMISCHUNG FÜR LUFTGETROCKNETEN SCHINKEN

Für eine 6 kg schwere Schweinekeule

- 3 getrocknete rote Chilis
- 5 Knoblauchzehen
- 1 Handvoll frischer Thymian
- 4 Sternanise
- 1 EL Koriandersamen
- 1 EL Kreuzkümmelsamen
- 12 Gewürznelken
- 1 Handvoll schwarze Pfefferkörner
- 3 kg Salz
- 1 kg Zucker

Die Chilis mit Knoblauch, Kräutern und Gewürzen in einem Mörser grob zerstoßen, dann gut mit Salz und Zucker vermischen.

VORSCHLAG: BRESAOLA

Für die Bresaola wird ein Muskelstrang aus der Rinderkeule ausgelöst. Fett und Sehnen werden entfernt, die Silberhaut bleibt aber am Fleisch. Eine einfache Pökelmischung aus je 100 g Salz und Zucker mit den gewünschten Gewürzen und Kräutern aromatisieren (Rosmarin und schwarze Pfefferkörner passen gut) und das Fleisch damit in einen Gefrierbeutel geben. 1 Woche im Kühlschrank lagern, täglich wenden. Danach das Fleisch säubern, wieder einsalzen, verpacken und 1 weitere Woche pökeln. Die Beize mit Küchenpapier abwischen und das in Mull verpackte Fleisch aufhängen. Nach 3 Wochen Trocknen sollte es ein Drittel seines Gewichts verloren haben. Dünn aufschneiden und mit Olivenöl beträufeln.

Der luftgetrocknete Schinken sorgt für das Salz, das den Geschmack des Fischs erst hervorhebt. Die in Schinken eingewickelten Seeteufelfilets sehen wirklich außerordentlich appetitlich aus. Man sollte das Rezept unbedingt ausprobieren.

FÜR 4 PERSONEN

- 2 Seeteufelfilets, à 150 g und 5 cm dick
- 4 große Scheiben luftgetrockneter Schinken
- 8 frische Salbeiblätter
- Salz und frisch gemahlener schwarzer Pfeffer
- 250 g grüne Bohnen, auf gleiche Länge geschnitten
- 1 EL natives Olivenöl extra
- 2 EL gewürfelte Tomaten
- 1 EL Zitronensaft
- Zesten von 1 Zitrone

GEBRATENER SEETEUFEL & SALBEI IN LUFTGETROCKNETEM SCHINKEN

Den Backofen auf 180 °C vorheizen. Alle Partien des Seeteufelfilets, die gefärbt sind, wegschneiden.

Auf der Arbeitsfläche zwei Scheiben des luftgetrockneten Schinkens nebeneinanderlegen und darauf jeweils vier Salbeiblätter (harte Stängelansätze entfernt) in der Mitte anordnen. Ein Seeteufelfilet darauflegen und mit etwas schwarzem Pfeffer würzen. Eine Seite der Schinkenschicht um den Fisch legen, dann die andere Seite darüberklappen und mit kleinen Holzspießen feststecken.

Den Fisch mit den Salbeiblättern nach oben auf ein Bratblech legen, dann das zweite Filet vorbereiten. Das Blech in den Ofen schieben und den Fisch 8 Minuten braten. Er sollte sich dann beim Daraufdrücken fest anfühlen.

Inzwischen Salzwasser in einem großen Topf aufkochen und die Bohnen darin 5 Minuten garen. Das Wasser abgießen, Olivenöl und Tomaten zu den Bohnen geben und durchschütteln. Den Zitronensaft zugießen und mit Salz und Pfeffer würzen. Die Bohnen nicht zu stark garen, wenn sie in der Konsistenz zum festen Fischfleisch passen sollen.

Den Fisch aus dem Ofen nehmen und mindestens 3 Minuten an einem warmen Platz ruhen lassen. Aufschneiden und mit Bohnen und Zitronenzesten garniert servieren.

In Spanien reicht man oft und gerne Schinkenkroketten als Tapa, als kleinen Appetithappen zum Wein. Unser luftgetrockneter Schinken kommt in diesem Rezept gewissermaßen zu internationalen Ehren. Wir essen diese Kroketten am liebsten mit Salsa verde und einem gemischten Salat.

FÜR 4 PERSONEN

FÜLLUNG

75 g Butter

3 gehäufte EL Mehl

200 ml Milch

75 g Käse, gerieben

½ TL Dijon-Senf

1 TL Worcestersauce

2 EL fein gehackter luftgetrockneter Schinken

Pflanzenöl, zum Frittieren

PANADE

2 EL Mehl

1 Ei, verquirlt

50 g Semmelbrösel

50 g feines Hafermehl

KROKETTEN MIT SCHINKEN & KÄSE

Für die Füllung die Butter in einem Topf bei schwacher Hitze zerlassen und unter ständigem Rühren das Mehl zugeben. Unter Rühren etwa 2 Minuten anschwitzen, dann vom Herd nehmen und die Milch in kleinen Portionen zugeben. Kräftig rühren, damit sich keine Klümpchen bilden. Den Topf auf den Herd zurückstellen und die Mischung etwa 10 Minuten köcheln, damit kein Mehlgeschmack verbleibt.

Käse, Senf und Worcestersauce zugeben und rühren, bis der Käse geschmolzen ist. Vom Herd nehmen und den gehackten Schinken gut untermischen. Die Masse in eine Schüssel umfüllen, die Oberfläche mit Frischhaltefolie abdecken und abkühlen lassen, dann im Kühlschrank kalt stellen.

Ist die Masse gut durchgekühlt und fest, können die Kroketten geformt werden. Für die Panade drei flache Schalen nebeneinander aufreihen. In die erste kommt das Mehl, in die zweite das verquirlte Ei und in die dritte das mit den Semmelbröseln vermischte Hafermehl.

Aus der Käse-Schinken-Masse acht ovale Kroketten formen. Im Mehl wälzen, bis sie gut eingehüllt sind, überschüssiges Mehl abklopfen. Danach im Ei wälzen und abtropfen lassen. Zum Schluss die Kroketten in der Semmelbröselmischung rollen und auf eine Platte legen.

Ausreichend Öl in einer Fritteuse oder einem großen Topf auf 180 °C erhitzen. Immer nur so viele Kroketten hineingeben, dass die Öltemperatur nicht zu stark absinkt. Goldbraun ausbacken. Die Kroketten mit einem gemischten Salat servieren.

Zu diesem eingesalzenen und luftgetrockneten Thunfisch schmecken Oliven und ein frisches Bier. Die Öle der gerösteten Mandeln bringen dessen Geschmack hervorragend zur Geltung.

FÜR 4 PERSONEN

- 100 g Mojama (siehe Seite 73)
- natives Olivenöl extra, zum Marinieren
- 40 g ganze Mandeln
- Meersalz

MOJAMA MIT MANDELN

Den luftgetrockneten Thunfisch so dünn aufschneiden, dass man fast hindurchsehen kann. Die Scheiben auf eine Platte mit erhöhtem Rand legen, vollständig mit Olivenöl bedecken und mindestens 1 Stunde marinieren. Inzwischen die ganzen Mandeln in einer trockenen Pfanne rösten, bis sie zu duften beginnen.

Die Mojamascheiben auf einer Servierplatte anrichten und mit den gerösteten Mandeln und mit Meersalz bestreuen. Zusammen mit Oliven und knusprigem Weißbrot servieren.

Mojama ist sehr ergiebig.

METHODE 9

LUFTGETROCKNETER HAMMEL

Luftgetrockneter Schinken gilt als mediterrane Spezialität, die meist Assoziationen an uralte Olivenbäume und üppige Weinberge weckt. Doch auch in kühleren Regionen gibt es eine lange Tradition des Pökelns und Räucherns. Eine luftgetrocknete Hammelkeule entspricht ganz und gar nicht den Vorstellungen, die man etwa mit Parmaschinken verbindet. Diese Spezialität stammt aus bestimmten Regionen Schottlands, wo Hammelkeulen zunächst nass gepökelt und dann in Bauernkaten über dem Rauch der Torffeuer getrocknet wurden. Heute gewinnt diese Spezialität wieder an Beliebtheit. Sie können in jedem Rezept den luftgetrockneten Schinken durch Hammelkeule ersetzen. Der Geschmack ist ebenfalls köstlich, aber raffiniert anders.

LAKE FÜR LUFTGETROCKNETE HAMMELKEULE

Für eine 1 kg schwere Hammelkeule

- 2 kg Salz
- 8 l Wasser
- 2 Lorbeerblätter
- 1 Sternanis
- 1 TL gehackte Ingwerwurzel
- 1 EL rosa Pfefferkörner
- 1 EL Koriandersamen

Eine Pökellake aus normalem Speisesalz und Wasser ansetzen (weitere Details siehe Seite 18). Die Lake ist salzig genug, wenn eine Kartoffel darin schwimmt. Dann Kräuter und Gewürze zugeben.

HAMMELFLEISCH PÖKELN

Das Hammelfleisch in einen großen Kunststoffbehälter legen und mit der Lake übergießen. Den Deckel auf den Behälter legen und 1 Woche ziehen lassen. Darauf achten,

dass das Fleisch vollständig untergetaucht ist, notfalls mit einem sauberen Blumentopf beschweren. Nach 7 Tagen die Lake durch frische ersetzen. Die Keule weitere 2 Wochen pökeln.

TROCKNEN & FERTIGSTELLEN

Das Fleisch aus der Lake nehmen, mit Küchenpapier trocken tupfen, dann in ein Mull- oder Passiertuch einwickeln und verschnüren (siehe unten). An einem geschützten, aber gut belüfteten Ort 8–16 Wochen aufhängen. Das Tuch entfernen und vor dem Aufschneiden die Keule mit einer harten Bürste und Apfelessig abbürsten.

SERVIEREN

Die Lufttrocknung konzentriert die Aromen und macht das Fleisch fester. Egal wie zäh das Fleisch vor dem Pökeln und Trocknen war, wenn Sie es jetzt quer zur Faser sehr dünn aufschneiden, lässt es sich problemlos verzehren.

Das luftgetrocknete Fleisch sollte im Vergleich zu „normalem" Fleisch sparsamer portioniert werden, denn es ist viel salziger und geschmacksintensiver. Servieren Sie luftgetrocknetes Hammelfleisch als Antipasto oder mit Brot und einem süßen Chutney als Snack.

VORSCHLAG: ZIEGE

Ziegenfleisch ist mager und fein, also bestens geeignet zum Pökeln und speziell zum Lufttrocknen. Folgen Sie dem für Hammel angegebenen Verfahren oder verarbeiten Sie es, in Streifen geschnitten, durch 1 Woche Trocknen zu Jerky (siehe Seite 94–95).

EINE HAMMELKEULE EINWICKELN

Die Hammelkeule in einer Lage Mullstoff vollständig einwickeln. So wird sie ausreichend vor Insekten geschützt, ohne dass der Luftzutritt behindert wird.

Die umwickelte Keule gut verschnüren. Die Schnüre dürfen in den Monaten der Trocknung auf keinen Fall verrutschen.

Als wir erfuhren, dass man Hammel wie Prosciutto lufttrocken kann, haben wir es sofort ausprobiert. Ein guter Metzger kann bestimmt zur Lufttrocknung geeignetes Hammelfleisch besorgen.

FÜR 4 PERSONEN

500 g Lammnackenfilet, am Stück
6 Scheiben luftgetrockneter Hammel

GRAUPENBRÜHE

Olivenöl, zum Marinieren
1 große Zwiebel, gehackt
2 Karotten, fein gewürfelt
2–3 große Kartoffeln, in 1 cm große Würfel geschnitten
250 g Perlgraupen
1 großer frischer Thymianzweig
1,2 l Hühnerbrühe

MARINADE

1 EL frisch gehackte Minze
1 TL frische Thymianblätter
abgeriebene Schale und Saft von 1 Zitrone
2 Knoblauchzehen, fein gehackt
125 ml Weißwein
1 EL Olivenöl
je 1 Prise Salz und frisch gemahlener schwarzer Pfeffer

ZUM GARNIEREN

1–2 Scheiben luftgetrocknetes Hammelfleisch, in Streifen
1 TL frisch gehackte Minze

LAMM MIT LUFTGETROCKNETEM HAMMEL IN GRAUPENBRÜHE

Das Lammfilet mit den Zutaten für die Marinade in eine Schüssel geben. Mit Frischhaltefolie abdecken und möglichst lange im Kühlschrank marinieren. 3–4 Stunden sind ideal. Wenn es schneller gehen muss, die Marinade in das Fleisch einmassieren.

Für die Brühe etwas Öl in einem Topf erhitzen, das Gemüse zugeben und 5 Minuten garen. Dann Perlgraupen und Thymian zufügen, umrühren und mit der Brühe aufgießen. 30–40 Minuten köcheln lassen, bis die Graupen weich sind.

Den Backofen auf 240 °C vorheizen. Das Lammfilet aus der Schüssel nehmen, die Marinade aufheben. Das Filet mit den Scheiben vom luftgetrockneten Hammel umwickeln. Wenn nötig, mit kleinen Holzspießen feststecken. Das eingewickelte Filet auf ein beschichtetes Backblech legen und die Hammelscheiben mit der beiseitegestellten Marinade bepinseln. Im Ofen 6–8 Minuten braten, herausnehmen und mit Alufolie abgedeckt 3–4 Minuten ruhen lassen.

Sobald das Lamm und die Brühe fertig sind, kann angerichtet werden. Das eingewickelte Lammfilet in Scheiben schneiden. Je eine Kelle voll Graupenbrühe in Suppenteller geben und die Fleischscheiben darauflegen. Mit Hammelfleischstreifen und gehackter Minze garnieren.

METHODE 10

SALAMI

Würste bieten den großen Vorteil, dass man dafür auch weniger ansehnliche Fleischstücke verarbeiten kann. Allerdings halten sie sich auch im Kühlschrank nur begrenzt, es sei denn, Sie salzen das Fleisch ein und machen daraus luftgetrocknete Salami. Salami hat den großen Vorteil, dass sie sich monatelang lagern lässt, weil sie durch das Pökeln frisch bleibt. Ursprünglich wurde Salami aus Eselfleisch hergestellt, doch heute werden meist andere Fleischsorten wie Schweine- und Rindfleisch verwendet. Wir machen Salami gerne aus eher fetten Partien vom Schwein, wie der Schulter, doch jedes Teil des Schweins ist geeignet. Die Zugabe von gesalzenem Speck ist ganz wichtig. Man kann ihn selbst herstellen (siehe Seite 46–47) oder fertig kaufen. Da der Speck schneller pökelt als das frische Schweinefleisch in der Salamimasse, bringt er den Pökelprozess in Schwung.

VORBEREITUNG DES FLEISCHS

Wenn Sie einen Fleischwolf haben, schneiden Sie das Fleisch in 2,5 cm große Würfel, die sich gut durch den Wolf drehen lassen. Wenn nicht, kaufen Sie einfach grobes Schweinehackfleisch bei Ihrem Metzger. Wir haben vor Jahren, lange bevor wir eigene Schweine hielten, mit dem Wurstmachen begonnen und einen klassischen Wolf mit Handkurbel benutzt. Inzwischen besitzen wir einen elektrischen Fleischwolf, der die Arbeit erleichtert.

Auch der Speck muss in 1 cm große Würfel geschnitten werden. Sie sorgen für die typische Textur und das gesprenkelte Aussehen der Salami. Außerdem unterstützt der Speck den Pökelprozess. Der Speck wird nicht durch den Wolf gedreht, er wird von Hand geschnitten und untergemischt.

ZUSÄTZLICHE AROMEN

Die Zugabe von Gewürzen und Kräutern ist der kreative Teil bei der Salamiherstellung. Verwenden Sie intensiv aromatische Kräuter, und sparen Sie nicht mit Pfeffer und Gewürz, damit das salzige Fleisch gut aromatisiert wird. Es gibt viele Salamivarianten. Unsere Favoriten finden Sie auf Seite 86, aber es gibt noch viele andere, die man ausprobieren kann.

- Deutsche Salami: Mit Wacholderbeeren und viel schwarzem Pfeffer gewürzt, eignet sie sich, mit Brot und Bier serviert, gut als rustikaler Imbiss.
- Knoblauchsalami: Durch viel Knoblauch in der Wurstmasse erhält man eine intensiv schmeckende Salami, die sich gut neben anderen Aromen in Eintöpfen, Füllungen oder gemischten Platten behauptet.
- Longaniza: Stark gewürzte spanische Wurst mit Paprika und Fenchelsamen, die besonders gut zu Eiergerichten passt.

VORBEREITUNG DER PÖKELMISCHUNG

Das Besondere an Salami ist, dass die Pökelmischung unter das Fleisch gemischt und nicht wie sonst von außen aufgebracht wird. Der Salzanteil sollte mindestens 2 % des

Fleischgewichts betragen. Das Salz gut untermischen, denn zum Gelingen der Salami muss das Salz das Fleisch durchdringen. Man kann jedes Salz verwenden, Speisesalz ist am preisgünstigsten.

VORBEREITUNG DER WURSTHÜLLEN

Unsere Wurstmaschine hat sich schon mehr als bezahlt gemacht. Jedes Jahr stellen wir ein Sortiment von Würsten und Salamis her und freuen uns immer, wenn sie auf den Tisch kommen. Und es ist eine Freude, beim Wurstmachen die Verwandlung des Fleischs mitzuerleben. Auch wenn Sie keine Wurstmaschine besitzen, sollten Sie einen Versuch wagen. Man kann die Wurstmasse ebenso mit einem Spachtel durch einen großen Trichter in die Wursthülle drücken.

Wir empfehlen natürliche Wursthüllen, weil wir sie für besser halten. Sie haben eine lange Tradition, sind erprobt und nutzen sinnvoll ein Abfallprodukt der Fleischindustrie. Naturdärme sind durchlässiger als Kunstdärme, weshalb Rauch- und sonstige Aromen besser in die Wurst eindringen und ihren Geschmack verändern können.

FÜLLEN DER WURSTHÜLLEN

Die Därme müssen in einer Schüssel mit Wasser gelagert und gut befeuchtet auf das Füllrohr aufgefädelt werden. Mit Daumen und Zeigefinger wird der ganze Darm auf das Rohr aufgezogen. Einige Zentimeter überstehen lassen, damit alle Luftblasen herausgedrückt werden können. Das Ende des Darms zusammendrücken und die Salamimasse einfüllen, dabei mit der anderen Hand der Salami eine gleichmäßige Form geben.

Ist die gewünschte Länge – üblich sind 20–30 cm – erreicht, unterbrechen, an der

gewünschten Stelle die Wurst zusammendrücken und abdrehen. Mit einer Schnur fest abbinden und so weitermachen, bis die Wurstmasse vollständig verbaucht ist.

AUFHÄNGEN DER SALAMI

Mit einem scharfen Messer die abgebundenen Salamis trennen. An einem gut belüfteten, geschützten Ort aufhängen und 1 Monat ruhen lassen. In dieser Zeit fermentiert die Salami und entwickelt dabei besondere Qualitäten. Sie enthält zum Beispiel Milchsäurebakterien, die das Verdauungssystem positiv beeinflussen können.

FERTIGSTELLEN

Sollte sich auf der Salami weißer Schimmel gebildet haben, mit Essigwasser und einem Stück Mull abwischen. Dann kann die Salami aufgeschnitten und serviert werden.

SALAMI HERSTELLEN

DREI SALAMIVARIANTEN

Alle enthalten die gleichen Anteile Fleisch, Speck und Salz. Geben Sie dem Grundrezept Kräuter und Gewürze zu, oder machen Sie eine klassische Chorizo oder Peperonisalami. Folgen Sie der Anleitung.

Ergibt 15–20 Salamis

Grundrezept

- 4 kg Schweinefleisch
- 1 kg gepökelter Schweinespeck
- 100 g Salz (entspricht 2 % des Gesamtgewichts von Fleisch und Speck)
- Aromastoffe (nach Belieben)

Zusätze für Chorizo

- 2 EL Fenchelsamen
- 2 EL geräuchertes Paprikapulver
- 8 Knoblauchzehen, fein gehackt
- 100 ml Rotwein

Zusätze für Peperonisalami

- 25 g Zucker
- 2 EL Cayennepfeffer
- 2 EL Paprika
- 1 EL zerstoßene Fenchelsamen
- 2 Knoblauchzehen, fein zerdrückt

Peperonisalami besteht aus Schweine- und Rindfleisch. Statt 4 kg Schwein nimmt man 3 kg Schwein und 1 kg mageres Rindfleisch.

Zunächst das Schweinefleisch in 2,5 cm große, dann den Speck von Hand in 1 cm große Würfel schneiden. Die Schweinefleischwürfel durch den Fleischwolf drehen.

An der Stelle, an der abgebunden werden soll, die Hülle zusammendrücken und die Wurst verdrehen. Mit Schnur abbinden.

Hackfleisch und Speckwürfel in einer großen Schüssel mit dem Salz und gegebenenfalls mit weiteren Aromastoffen vermischen.

Den Wurstdarm anfeuchten und über das Füllrohr ziehen. Die Salamimasse in die Hülle füllen und mit der Hand eine gleichmäßige Wurst formen.

Die Schritte 3 und 4 wiederholen, bis die gesamte Wurstmasse aufgebraucht ist.

Die Salamis an einem gut belüfteten und geschützten Ort 1 Monat aufhängen.

Pizza gibt es in unzähligen Variationen, doch die einfache Pizza Salami gehört zweifellos zu den besten. Optimal sind natürlich ein Pizzastein oder ein spezielles Pizzablech, doch auch mit einem normalen Backblech kann eine schmackhafte Pizza gelingen.

ERGIBT 2 PIZZAS VON ETWA 30 CM Ø

PIZZATEIG

7 g Trockenhefe

½ TL Zucker

200 ml warmes Wasser

300 g Mehl, plus etwas mehr zum Bestäuben

1 TL Salz

Öl, zum Einfetten

TOMATENSAUCE

natives Olivenöl extra, zum Anbraten

1 Zwiebel, fein gewürfelt

2 Knoblauchzehen, zerdrückt

400 g Tomaten aus der Dose

10 getrocknete Tomaten, fein gehackt

Salz und frisch gemahlener schwarzer Pfeffer

BELAG

Salamischeiben

20 schwarze Oliven

geriebener Käse

PIZZA SALAMI

Hefe, Zucker und Wasser in einer Schüssel vermischen und 10 Minuten beiseitestellen.

Für den Pizzateig Mehl und Salz in eine große Schüssel sieben. Die Hefemischung dazugeben und gut unterrühren. Die Arbeitsfläche mit Mehl bestäuben und den Teig etwa 5 Minuten durchkneten, dann in eine mit Öl eingefettete Schüssel geben und locker mit Frischhaltefolie abdecken. An einem warmen Ort etwa 1 Stunde gehen lassen.

Für die Tomatensauce etwas natives Olivenöl extra in einem Topf erhitzen. Zwiebel und Knoblauch hineingeben, weich dünsten und dann Dosen- und getrocknete Tomaten zugeben und etwa 20 Minuten sanft köcheln lassen. Die Sauce durch ein Sieb passieren und mit Salz und Pfeffer abschmecken. Beiseitestellen.

Wenn der Teig aufgegangen ist, den Backofen auf 200 °C vorheizen. Den Teig halbieren und auf der bemehlten Arbeitsfläche zu zwei runden Böden von mindestens 30 cm Durchmesser ausrollen. Jeden Boden mit Tomatensauce überziehen, dann Salamischeiben, schwarze Oliven und geriebenen Käse darauf verteilen. Im Ofen 15 Minuten backen, bis der Boden schön knusprig ist.

Manchmal hat man Lust auf eine süßlich-pikante kleine Mahlzeit. Zu solchen Gelegenheiten servieren wir gerne unsere luftgetrocknete Chorizo. Dieses Gericht hier eignet sich als Vorspeise, schmeckt aber auch sehr gut zu einem Glas Wein. Dieses Rezept ist unsere Variante einer klassischen spanischen Tapa, die in wenigen Minuten zubereitet ist.

FÜR 4 PERSONEN

- 1 große Chorizo
- 3 Knoblauchzehen
- 1 EL Honig
- 25 ml Rotweinessig
- 25 ml Rotwein (nach Belieben)
- frisches Brot, zum Servieren

CHORIZO-TAPA MIT HONIG, WEIN & KNOBLAUCH

Die Chorizo in 1 cm dicke Scheiben schneiden und in eine vorgeheizte, beschichtete Pfanne geben. Die Wurstscheiben in einer Lage verteilen und bei großer Hitze braten, bis der intensiv gefärbte Saft austritt.

Die Knoblauchzehen in die Pfanne geben und die Chorizoscheiben umdrehen. Sobald sie beginnen, sich bräunlich zu färben, Honig und Rotweinessig zugeben. Zur Abmilderung der Essigschärfe nach Belieben Rotwein angießen. Die Wurstscheiben ständig umrühren, damit die Sauce nicht anbrennt. Sobald die Sauce eindickt, die Pfanne vom Herd nehmen.

Das Gericht noch warm mit frischem Brot servieren.

Dieses langsam gegarte Gericht ist im Winter ein Lieblingsessen unserer Familie. Die Rinderhesse wird durch das langsame Garen sehr saftig. Die Aromen der Chorizo vermischen sich mit dem Fleischsaft, was die Zutat von Gewürzen überflüssig macht. Wir bereiten das Gericht auf unserem Holzofen zu, doch es gelingt auf jedem Herd bei schwacher Hitze. Grüne Bohnen sind eine passende Beilage.

FÜR 4 PERSONEN

- 1,5 kg Rinderhesse
- 300 g Chorizo
- 5–6 EL natives Olivenöl extra
- 3 Zwiebeln, in groben Scheiben
- 4 Knoblauchzehen, in Scheiben
- 2 TL Fenchelsamen
- 2 frische Rosmarinzweige
- 3 EL Mehl
- 1 Flasche Rotwein (oder halb Wein, halb Brühe)
- Salz und frisch gemahlener schwarzer Pfeffer

KLÖSSE

- 100 g Mehl
- 1 TL Backpulver
- 50 g Nierenfett
- ½ EL frisch gehackter Rosmarin
- Salz und frisch gemahlener schwarzer Pfeffer
- 3 EL Wasser

RIND & CHORIZO MIT KLÖSSEN

Das Rindfleisch in 2–3 cm große Würfel, die Chorizo in 1,5 cm dicke Scheiben schneiden.

Das Öl in einer Kasserole sehr stark erhitzen. Die Rindfleischstücke darin scharf anbraten. Nicht zu oft umrühren, damit die Fleischoberfläche schön und gleichmäßig anbräunt, was durch ständiges Rühren verhindert würde. Sobald das Fleisch Farbe angenommen hat, Zwiebeln und Knoblauch dazugeben und umrühren, um den Bratensatz vom Boden zu lösen. Rund 3–4 Minuten schmoren, dann Chorizoscheiben, Fenchelsamen und Rosmarin zufügen und weitere 2–3 Minuten garen. Gelegentlich umrühren.

Das Mehl in den Topf streuen und gut einrühren. Einige Minuten schmoren, dann unter ständigem Rühren nach und nach den Wein angießen. Die Flüssigkeit sollte das Fleisch nur knapp bedecken. Den Deckel auflegen und bei sanfter Hitze mindestens 2 Stunden garen (je länger, desto besser). Gelegentlich umrühren und, falls nötig, etwas Brühe oder Wasser nachfüllen. Nach Ende der Garzeit sind die Fleischstücke geschrumpft, und die Flüssigkeit sollte sie ganz bedecken.

Für die Klöße zunächst Mehl, Backpulver, Nierenfett, Rosmarin, Salz und Pfeffer in einer Schüssel vermischen. Dann langsam das Wasser zugeben, bis eine gut formbare Masse entsteht. Daraus vier ovale Klöße formen und in den letzten 30 Minuten der Garzeit oben auf das Fleischgericht setzen und mitgaren.

METHODE II

BEEF JERKY

Ein deftig-herzhafter Snack

Getrocknete, schrumpelige Fleischstücke – das klingt nicht sehr appetitlich, schmeckt aber köstlich. Jerky ist gewürztes, in Streifen geschnittenes und getrocknetes Fleisch. Wir nehmen es als Snack gerne auf unsere Angelausflüge und Wanderungen mit. Doch man kann Jerky natürlich auch zu Hause als kleine Zwischenmahlzeit genießen. Typischerweise wird Jerky aus Rindfleisch hergestellt, doch man kann nach diesem Verfahren jedes rote Fleisch zubereiten, etwa Ziege, Lamm oder Wild.

FLEISCH ZU JERKY VERARBEITEN

Die geeignetsten Stücke vom Rind sind Hüftsteak, Skirt- und Flanksteak (beide aus dem Bauchlappen). Man kann das Fleisch zum Trocknen 4 Tage draußen an einem gut belüfteten Platz aufhängen oder im Backofen mit Umluft bei 50 °C bei leicht geöffneter Backofentür trocknen. Schieben Sie einen Rost ganz oben in den Ofen und hängen Sie die mit Holzstäbchen durchzogenen Fleischstreifen zwischen die Gitterstäbe. Zum Schutz vor herabtropfendem Saft den Boden des Ofens mit Alufolie abdecken. Das Jerky ist fertig, wenn das Fleisch noch biegsam, aber nicht brüchig ist. Zum Lagern in einem Beutel mit Zip-Verschluss aufbewahren.

SERVIEREN

Das Jerky mit einem Tabasco-Dip servieren. Dazu 2 Teelöffel Tabasco- oder Chilisauce, 1 Esslöffel Honig, 1 Esslöffel Weißweinessig und zwei Knoblauchzehen in einem kleinen Topf sanft erhitzen, bis der Essig reduziert und die Sauce dicklich wird. Den Knoblauch vor dem Servieren entfernen.

MARINADE FÜR BEEF JERKY

Für 1 kg Flanksteak

- 1 EL Honig
- 250 ml Sojasauce
- 250 ml Worcestersauce
- 1 Prise Cayennepfeffer
- 1 TL gemahlene Koriandersamen
- 4 Knoblauchzehen, zerstoßen
- 2 EL frisch gemahlener schwarzer Pfeffer

Beef Jerky herstellen

Von 1 kg Steakfleisch sämtliches Fett abschneiden, denn das Fett trocknet nicht ein. Das Fleisch anfrieren, bis sich Eiskristalle bilden; so lässt es sich leichter dünn aufschneiden.

Nun die Marinade zubereiten. Alle Zutaten in einer Schüssel vermischen und beiseitestellen.

Das angefrorene Fleisch in dünne Streifen schneiden und zur Marinade geben. In einen Behälter mit Deckel umfüllen und 2 Tage in den Kühlschrank stellen. Gelegentlich umrühren.

Das Fleisch aus der Marinade nehmen und mit Küchenpapier trocken tupfen. Dann im Umluftbackofen bei 50 °C und leicht geöffneter Ofentür 4 Stunden trocknen.

4

HEISS-RÄUCHERN

WISSENSWERTES

HEISSRÄUCHERN

Durch Heißräuchern gegarte Produkte sind für den sofortigen Verbrauch bestimmt, können aber auch, tiefgefroren oder vakuumiert, gelagert werden. Viele heiß geräucherte Produkte, wie Huhn, Ente und Lachs, ergeben tolle kalte Gerichte und Salate, doch am besten schmecken sie frisch aus dem Rauch. Wie der Name verrät, sind bei diesem Verfahren zwei Elemente beteiligt – Hitze und Rauch.

SO FUNKTIONIERT HEISSRÄUCHERN

Gepökeltes Fleisch wird durch den Kontakt mit heißem Holzrauch gegart und aromatisiert. Die verschiedenen Holzarten haben jeweils typische Aromen, die von mild und zart bis kräftig und scharf reichen. Der heiße Rauch trocknet die Oberfläche des Fleischs aus, weshalb er es nicht völlig durchdringen kann.

HINWEISE

- Fleisch und Fisch müssen ganz frisch sein.
- Fisch und Fleisch vor dem Räuchern pökeln.
- Je niedriger die Rauchtemperatur, umso besser dringt der Rauch ein, und je länger die Räucherzeit, umso besser der Geschmack.
- Je höher die Rauchtemperatur, umso kürzer die Räucherzeit und die Haltbarkeit des Produkts.
- Nie im Temperaturbereich von 25–60 °C räuchern, weil hier das Wachstum von Mikroben gefährliche Ausmaße annehmen kann.
- Abgesehen von diesem gefährlichen Bereich, muss man sich um die Temperatur keine großen Sorgen machen. Fleisch wird meist bei 95–120 °C heiß geräuchert, doch das hängt vom persönlichen Geschmack ab. Eine zu hohe Temperatur verändert aber Aussehen, Geschmack und Textur des Fleischs.
- Den Räuchervorgang nicht überstürzen, das schadet dem Geschmack.
- Keine mit Brandbeschleuniger imprägnierte Holzkohle zum Anzünden des Ofens verwenden.

TEMPERATURKONTROLLE

Das Fleisch gart in den heißen Gasen einer Wärmequelle, die mit Gas, Strom, Holzkohle (so bei Barbecue-Smoker-Kombigeräten) gespeist wird. Auch ein offenes Holzfeuer ist geeignet. Die Gartemperaturen sind meist niedriger als in konventionellen Öfen. Heißräuchern ist somit immer ein langsamer Garprozess, der den Holzaromen das Eindringen ins Fleisch erlaubt. Man spricht von langsamem Garen bei niedriger Temperatur. Niedrige Gartemperaturen von 95–120 °C bedeuten, dass der Garprozess etwas länger dauert. Tatsächlich ergeben sich Räucherzeiten von 2 bis zu 24 Stunden, doch der Vorteil dieses langsamen Garens liegt darin, dass auch preiswertere Fleischstücke wunderbar zart und saftig werden. Benutzen Sie ein geeignetes Thermometer zur Kontrolle der Temperatur.

RAUCH

Das Holz zur Erzeugung des typischen Raucharomas wird vorsichtig erhitzt, denn es soll eher glimmen als verbrennen. Austrocknungseffekte sind beim Heißräuchern meistens nicht das Problem, trotzdem hilft ein Behälter

Die Kombination aus Hitze und Rauch ist das Geheimnis.

Geräucherte Austern schmecken köstlich.

mit Wasser im Räucherofen, den Feuchtigkeitsgrad ausreichend hoch zu halten.

Viele im Handel angebotene Heißräucheröfen besitzen eine Wasserpfanne und werden daher als Water-Smoker bezeichnet. Die Wasserpfanne sorgt nicht nur für Feuchtigkeit beim Räuchern, sie wirkt auch als Puffer zwischen Hitzequelle und dem Räuchergut und hält die Temperatur niedrig. Einen ähnlichen regulierenden Effekt erzielt man, wenn die Holzchips vor dem Räuchern 1 Stunde in Wasser eingeweicht werden. In einem Water-Smoker lässt sich zudem der Geschmack durch Flüssigkeiten, wie Wein, Bier oder mit Gewürzen und Kräutern aromatisierte Fonds, beeinflussen.

Der Einsatz eines Water-Smokers ist aber Geschmackssache. Wir persönlich bevorzugen auf traditionelle Art heiß geräuchertes Fleisch. Man hat uns beigebracht, dass Saftigkeit ein Qualitätsmerkmal ist, doch man sollte auch bedenken, dass sich durch den Gewichtsverlust die Aromen konzentrieren. Beim Räuchern kann Fleisch bis zu 10 % seines Gewichts verlieren, abhängig von Temperatur, Räucherdauer und Luftzirkulation in der Räucherkammer. Der Feuchtigkeitsentzug ist besonders bei Produkten wichtig, die für eine lange Lagerung kalt geräuchert werden, weniger bei den heiß geräucherten Speisen, die sofort konsumiert werden.

Je länger die Räucherzeit, umso größer der Flüssigkeitsverlust, mit einem daraus resultierenden höheren Salzgehalt. Das Produkt wird trockener und salziger, hält sich aber auch viel länger. Die Zufuhr der zum Räuchern nötigen

Frischluft wird meist über einen Schieber geregelt. Auch der Abzug des Rauchs wird mit einem Schieber gesteuert, damit sich Teer und andere unverbrannte Holzpartikel nicht in der Räucherkammer ansammeln und Aussehen und Geschmack des Produkts beeinträchtigen können.

VORSICHT!

Beim Räuchern von Fleisch und Fisch ist es ganz wichtig, bestimmte Temperaturbereiche einzuhalten, um das Produkt vor Verderb durch Bakterien zu schützen. Der wirklich gefährliche Bereich entspricht in etwa unserer Körpertemperatur, denn da vermehren sich Bakterien besonders schnell. Als Faustregel gilt: Speisen nie im Temperaturbereich von 25–60 °C räuchern!

KREATIVE KOMBINATIONEN

Das Räuchern ist ein weites Betätigungsfeld: Fisch, Geflügel und Fleisch ermöglichen mit entsprechenden Raucharten verschiedenste Geschmackskombinationen. Dann kommt es darauf an, das geräucherte Produkt mit Beilagen zu servieren, die dessen Aromen ergänzen. Sie können die Rezepte in diesem Kapitel nachkochen oder Sie können sie als Anregung nutzen und sie für Ihre eigenen Räucherprodukte variieren.

AUSWAHL DES RÄUCHERHOLZES

HOLZ	EIGENSCHAFTEN	VERWENDUNG
Ahorn	ähnlich wie Birke	Käse und Geflügel
Apfel	leicht süß, aber relativ schwer	rotes Fleisch und Käse
Birke	mild	Schwein und Geflügel
Birne	leicht süßlich	Käse und Geflügel
Eiche	intensives Raucharoma	alles
Erle	sehr delikat	Fisch und Geflügel
Esche	verbrennt schnell, einzigartiges Aroma	Fisch
Hickory	durchdringend und dicht	alles
Kastanie	nussig	Käse
Kirsche	leicht süßlich	Fleisch
Mesquite	kräftig und dicht	rotes Fleisch

METHODE 12

HOT-SMOKERS

Ein eigener Heißräucherofen ist ein Luxus, doch er leistet viele Jahre nützliche Dienste und hilft bei der Zubereitung unzähliger leckerer Mahlzeiten. Im Internet finden Sie viele Angebote. Wir haben es aber vorgezogen, aus gebrauchten und einigen gekauften Teilen (wie dem Holz für die Räucherkammer) einen eigenen Räucherofen zu bauen. Stellen Sie Ihren Räucherofen mit genügend Abstand zu brennbaren Materialien in einem separaten Bau auf und behalten Sie ihn bei Gebrauch immer im Auge, um Hitze und Flamme zu regulieren.

WELCHER SMOKER?

Es gibt zwei Kategorien von Heißräuchergeräten, die im Handel angeboten werden: Räucherpfannen für die Küche (für die Herdplatte oder elektrisch beheizt) und Barbecue- oder Räucheröfen für draußen. Das Angebot an Räucheröfen ist riesig, doch grundsätzlich haben alle eine Wärmequelle, eine Wasserpfanne und ein Gitter für das Fleisch. Der Deckel schließt dicht ab, und die Luftzirkulation, über die sich die Temperatur der Holzkohle und die Rauchdichte regulieren lassen, wird meist mit Lüftungsschiebern eingestellt.

BAU EINES RÄUCHEROFENS

Wie bei einem gekauften Räucherofen, braucht man eine regulierbare Hitzequelle und eine Einrichtung zur Raucherzeugung. Wir haben einen Smoker konstruiert, der sich für das Heiß- und Kalträuchern eignet und eine gute Temperaturkontrolle (siehe Zeichnung) ermöglicht. Zur Raucherzeugung dient ein alter Holzofen. Ein Zwölf-Volt-Ventilator aus einem Computer sorgt für das Glimmen des Sägemehls, das unsere bevorzugte Rauchquelle ist. Zum Anzünden richten wir eine Lötlampe rund 20 Sekunden auf das Räuchermehl. Ein flexibles Rohr verbindet den Räucherofen mit der Räucherkammer. Durch diese räumliche Trennung kann der Rauch abkühlen, und die Schwebstoffe setzen sich im Verbindungsrohr ab. Für das Kalträuchern reicht diese Vorrichtung aus, man muss nur noch das Räuchergut in die Räucherkammer hängen und die Luftzirkulation regulieren. Wir haben dazu in die Räucherkammer Löcher gebohrt, die mit Flaschenkorken verschlossen werden können. Über die Anzahl der geöffneten Löcher stellt man den Luftzug und dadurch die Rauchdichte ein.

Um die Räucherkammer als Heißräucherofen zu nutzen, ist am Boden ein ringförmiger Gasbrenner eingebaut, mit einer Metallplatte darüber zur besseren Verteilung der Hitze. Die Temperatur wird ganz simpel über die Gaszufuhr reguliert. Ein Gasbrenner in einem Holzgehäuse erscheint vielleicht etwas riskant, doch die Temperaturen, bei denen wir räuchern, sind nicht sehr hoch.

VORSICHT

Beim Einsatz des Heißräucherofens sollte man immer an die Sicherheit denken. Überprüfen Sie vor Beginn die Funktionstüchtigkeit der Ausrüstung und lassen Sie den Smoker nie längere Zeit unbeaufsichtigt.

Der Rauch sollte in der Räucherkammer bleiben.

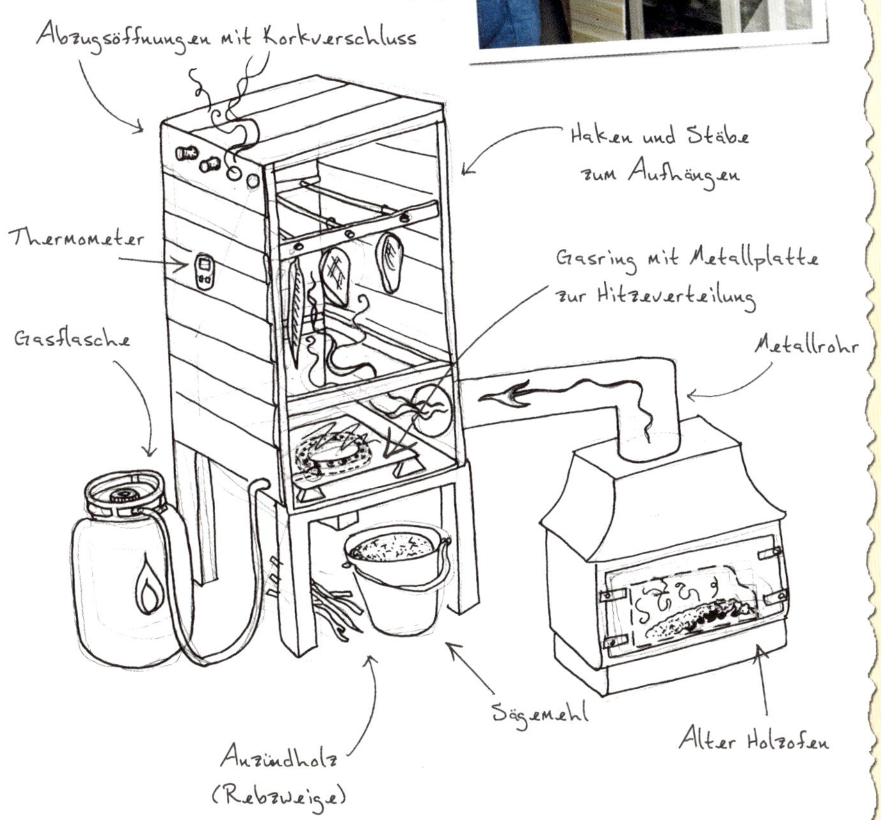

VORBEREITUNG VON FISCH & FLEISCH

- Fisch: filetieren und verbliebene Gräten entfernen oder im Ganzen trocken pökeln, dabei das Salz gut in die Bauchhöhle einreiben.
- Huhn und Truthahn: filetieren, in Portionsstücke schneiden oder im Ganzen räuchern. Bleibt das Huhn ganz, den Hals und die umgebende Haut entfernen, damit der Rauch gut durch die Körperhöhlung ziehen kann. Werden nur die Keulen und die Brust geräuchert, diese mehrmals mit einer Spicknadel einstechen, damit das Salz besser ins Fleisch eindringen kann.
- Ente: die Haut am Hals wegschneiden und vor dem Pökeln das Fleisch mehrfach einstechen. Wird nur die Brust geräuchert, diese ebenfalls einstechen.
- Teile vom Rind, Schwein, Lamm und Hammel: entbeinen oder filetieren, gleich dick zuschneiden, um ein gleichmäßiges Garen zu erleichtern. Loses Fett entfernen.

FLEISCH & FISCH PÖKELN

Es kann trocken (siehe Seite 42–45) oder nass gepökelt werden (siehe Seite 18–21). Nach Wunsch passende Aromen zufügen. Eine einfache Pökelmischung aus Salz und Zucker betont den puren Fleischgeschmack. Während des Pökelns sollte das Fleisch im Kühlschrank oder an einem kühlen Ort gelagert werden.

Nach dem Pökeln muss das überschüssige Salz entfernt werden. Das Fleisch kurz unter kaltem Wasser abspülen, trocken tupfen und dann trocknen lassen. Das kann an einem kühlen, trockenen Ort passieren oder im Backofen bei Umluft ohne zugeschaltete Heizung. Nach dem Trocknen bildet sich unter Umständen auf der Oberfläche eine Kruste aus Salz und Zucker, die nicht entfernt werden muss. Achten Sie darauf, dass das Fleisch wirklich trocken ist, bevor es heiß geräuchert wird.

PÖKELN VOR DEM RÄUCHERN

PRODUKT	PÖKELDAUER (STD.)	PÖKEL VERFAHREN
Lachsseite	1	trocken
Makrele	½	trocken
Forellenfilet	¼	trocken
Entenbrust	1	trocken
	3	nass
ganze Ente	6	trocken
	12	nass
Huhn	4	trocken
	8	nass
Rind	12	trocken
	24	nass
Schwein	9	trocken
	18	nass

VORBEREITUNG DES RÄUCHEROFENS

Am besten lässt man den Räucherofen sein Temperaturgleichgewicht erreichen, bevor man das Räuchergut einfüllt. Wird eine Wasserschale benutzt, dann sollte man bereits heiße Flüssigkeit hineinfüllen.

FLEISCH & FISCH RÄUCHERN

Die Garzeiten hängen von vielen Faktoren ab und lassen sich bestenfalls schätzen (siehe Tabelle gegenüber). Die beste und genaueste Möglichkeit, den Gargrad zu überprüfen, ist die Messung der Kerntemperatur des Räucherguts mit einem Fleischthermometer.

ZEIT & TEMPERATUR

Selbst wenn man meint, man hätte die Temperaturkontrolle seines Heißräucherofens gut im Griff, kommt es doch immer zu Schwankungen, weil das Feuer nachgeschürt oder Sägespäne und -mehl zur Raucherzeugung nachgefüllt werden müssen. Zu diesen Faktoren kommen noch Größe und Form des Fleischs als Variablen hinzu, weshalb die Garzeiten nur geschätzt werden können.

Die unten angegebenen Zeiten sind nur ein Anhaltspunkt. Wichtig ist, dass die Kerntemperaturen erreicht werden, dann ist alles in Ordnung.

PRODUKT	UNGEFÄHRE RÄUCHER-/ GARDAUER	KERNTEMPERATUR NACH DEM GAREN
Rinderfilet	3–4 Stunden	blutig 50 °C
		medium 60 °C
		durchgebraten 70 °C
Rinderbrust	6–8 Stunden	85 °C
hohe Rippe	6–18 Stunden	blutig 50 °C
		medium 60 °C
		durchgebraten 70 °
ganzes Huhn	3½–4 Stunden	75 °C
Huhn, Brust oder Keule	45 Minuten	75 °C
ganzer Truthahn	8 Stunden	75 °C
ganze Ente	3–4 Stunden	65 °C
Entenbrust	1 Stunde	65 °C
Schweineschulter	12 Stunden und mehr	85–90 °C
Schweinefilet	4–5 Stunden	65 °C
Schweinerippchen	5–6 Stunden	garen, bis sich das Fleisch leicht vom Knochen löst
ganzer Lachs	2–3 Stunden	garen, bis sich das Fleisch leicht ablöst
Lachsseite	45 Minuten	garen, bis sich das Fleisch leicht ablöst
Garnelen	20 Minuten	garen, bis sie hellrosa sind

Heißräuchern verändert die Struktur der Produkte, sie wird weicher und lockerer. Bei Fisch lässt sich das Fleisch in Fasern zerteilen. Geflügel wird kürzer geräuchert als rotes Fleisch, dabei sollte die Haut Farbe annehmen, das Fleisch aber hell bleiben. Ein geräuchertes Fleischstück, das fast oder ganz durchgegart ist, sollte sich gut aufschneiden lassen und durch den Räucherprozess eine dunkelrote Farbe angenommen haben. Dieser Räucherrand reicht meist nicht sehr tief ins Fleisch – aber je tiefer, desto besser.

FERTIGSTELLEN

Wenn das Räuchergut aus dem Ofen kommt, ist es verzehrfertig. Austern müssen sofort gegessen werden, Fleisch jedoch profitiert von einer gewissen Ruhepause. Das abgekühlte Fleisch einige Stunden in den Kühlschrank legen, am besten über Nacht.

Heiß geräucherte Entenbrüste

RÄUCHERAAL

Geräucherter Aal ist eine Delikatesse. Früher war er sehr verbreitet, doch durch den schwindenden Aalbestand ist er heute eher selten und teuer. Wenn man einen frischen Aal kauft oder sogar selber fängt, sollte man überlegen, ob man ihn nicht räuchert. Den Fisch am Bauch aufschneiden, ausnehmen und mit Küchenpapier säubern. Zum Austrocknen 2 Stunden in Pökellake legen, abspülen und trocken tupfen. Kleine Holzspieße so in der Bauchhöhle anbringen, dass diese offen gehalten wird. Der Holzrauch kann dann gut ins Fleisch eindringen und es intensiv aromatisieren.

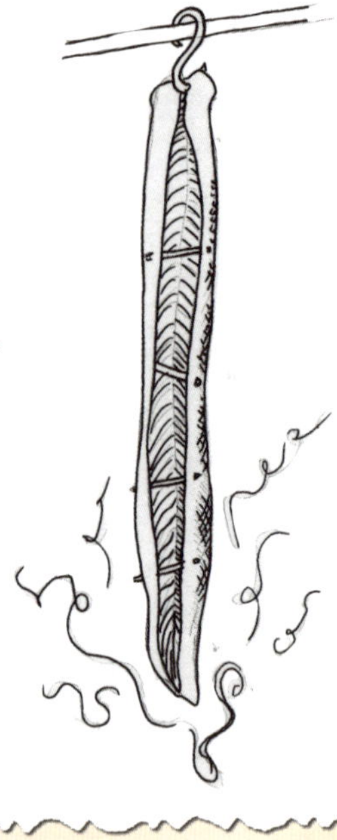

RÄUCHERN IN DER RÄUCHERPFANNE

Mit einer Räucherpfanne ist eine heiß geräucherte Taubenbrust oder Forelle in wenigen Minuten zubereitet. Im Prinzip handelt es sich dabei nur um eine große Pfanne mit Gitterrost und Deckel. Das Fleisch wird auf den Rost gelegt, das Räuchermaterial, meist Holzspäne, auf den Pfannenboden. Beim Erhitzen wird der Pfannenboden sehr heiß, und die Holzspäne beginnen zu glimmen. Das Fleisch wird durch die heiße Luft in der geschlossenen Pfanne gegart, und der Rauch dringt ein. Die Regulierung ist allerdings ziemlich schwierig, da es in der Pfanne schnell zu heiß werden kann (siehe Heiß geräucherte Taubenbrust, Seite 120–121).

BAU EINER RÄUCHERPFANNE

Eine Räucherpfanne für kleinere Fleisch- oder Fischstücke lässt sich schnell aus gängigen Teilen zusammenbauen. Eine große Stahlpfanne wird zum Schutz mit Alufolie ausgelegt, darauf kommt das Räuchermaterial. Darüber wird ein Gitterrost für das Räuchergut angebracht. Wir haben einen vorhandenen Rost entsprechend zugeschnitten, aber vielleicht findet sich ja ein passendes, kleines Kuchengitter.

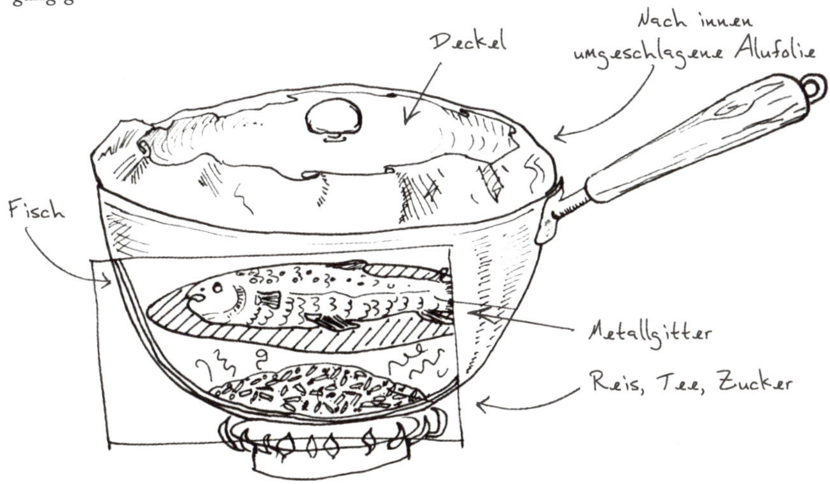

METHODE 13

PASTRAMI

Pastrami ist eine gepökelte Rinderbrust, die mit Gewürzen eingerieben, heiß geräuchert und im Dampf gegart wird. Die Zubereitung von Pastrami ist zeitaufwendig, doch wer die hausgemachte Version probiert hat, wird den Unterschied zu gekauftem Pastrami sofort schmecken. Mit unserem Rezept wird das Pastrami süßlich-würzig, rauchig und saftig.

VORBEREITUNG DER RINDERBRUST

Folgen Sie den Anweisungen zur nass gepökelten Rinderbrust (siehe Seite 32) und lassen Sie diese 5 Tage durchziehen. Dann für weitere 5 Tage in eine süßere Lake aus je 400 g Zucker und Salz, die in 4 l Wasser aufgelöst wurden, einlegen. Die Rinderbrust herausnehmen und mit Küchenpapier trocken tupfen. Die Gewürzmischung intensiv in das Fleisch einmassieren, es soll viel davon am Fleisch haften bleiben.

RINDERBRUST HEISS RÄUCHERN

Die Rinderbrust bis zu einer Kerntemperatur von 70 °C heiß räuchern. Der Gargrad ist erreicht, wenn man das Fleisch gerade noch anfassen kann. Man kann die Rinderbrust in jedem abdeckbaren Grill räuchern. Versuchen Sie, die Temperatur niedrig und konstant zu halten, um ein langes, langsames Garen zu bewirken. Und immer etwas Sägemehl oder Holzspäne nachfüllen, damit genug Rauch entsteht. Das Fleisch auf ein Stück extrastarke Alufolie legen, um die direkte Hitze abzuhalten, ohne die Rauchzirkulation zu behindern. Regelmäßig wenden und bei geschlossenem Deckel 2–3 Stunden garen.

FERTIGSTELLEN

Die geräucherte Rinderbrust auf einen Rost über eine Fettpfanne (Bratblech) legen, die einige Zentimeter hoch mit kochendem Wasser befüllt wird. Das Ganze locker in Alufolie verpacken. Der zeltartige Aufbau soll genügend Platz um das Fleisch lassen, damit der Dampf gut zirkulieren kann. Im vorgeheizten Backofen 3 Stunden bei 120 °C garen. Danach sollte man das Fleisch mühelos mit einer Gabel einstechen können. Die gegarte, heiße Rinderbrust quer zur Faser dünn aufschneiden und warm auf Roggenbrot servieren.

GEWÜRZMISCHUNG FÜR PASTRAMI

Für 1 kg Rinderbrust

- 3 EL grob gemahlene schwarze Pfefferkörner
- 1 TL zerdrückter Knoblauch
- 2 EL gemahlener Koriander
- 1 EL geräuchertes Paprikapulver
- 1 TL Chiliflocken

Pfeffer, Knoblauch und Koriander im Mörser leicht zerstoßen. Paprika und Chiliflocken zugeben.

PASTRAMI ZUBEREITEN

Die Rinderbrust 5 Tage in Salzlake pökeln, dann gleiche Anteile Zucker und Salz in Wasser auflösen und weitere 5 Tage in dieser süßeren Lake pökeln. Aus der Lake nehmen.

Das Fleisch mit Küchenpapier trocken tupfen und die Gewürzmischung in das Fleisch einmassieren. Die Rinderbrust 2–3 Stunden heiß räuchern. Regelmäßig wenden.

Die geräucherte Rinderbrust auf einen Rost über eine Fettpfanne legen, deren Boden einige Zentimeter hoch mit kochendem Wasser bedeckt ist.

Die Alufolie wie ein Zelt um das Bratblech legen und die Kanten zusammendrücken. Im vorgeheizten Backofen bei 120 °C 3 Stunden garen.

Dieses riesige Doppeldecker-Sandwich mit Sauerkraut, Essiggurken und Senf hat die New Yorker Delis berühmt gemacht. Unsere bevorzugte Zubereitungsart ist durch unsere Zeit in Deutschland und die Liebe zu Essiggurken beeinflusst.

FÜR 4 PERSONEN

SAUERKRAUT

1 EL Olivenöl
1 Zwiebel, in dünnen Scheiben
1 Weißkohl, fein gehobelt
300 ml Apfelessig
125 ml Cidre
1 EL Salz

SANDWICH

12 Scheiben Roggenbrot
500 g Pastrami, in dünnen Scheiben
englischer Senf, zum Bestreichen
16 Mini-Essiggurken, in Scheiben

PASTRAMI AUF ROGGENBROT

Zunächst das Sauerkraut zubereiten. Dieses Schnellrezept erfordert nicht so viel Zeit wie die traditionelle Gärmethode. Das Öl in einem Topf erhitzen und die Zwiebel darin weich schmoren. Weißkohl, Essig, Cidre und Salz dazugeben und aufkochen. Bei reduzierter Hitze rund 30 Minuten köcheln lassen. Wenn nötig, etwas Wasser angießen, damit das Kraut nicht zu trocken wird. Das Sauerkraut hält sich luftdicht abgeschlossen bis zu 2 Wochen im Kühlschrank.

Für jedes Sandwich drei Scheiben Roggenbrot und sechs bis acht Scheiben Pastrami verwenden. Die erste Brotscheibe mit Senf bestreichen, etwas kaltes Sauerkraut darauf verteilen und mit Pastrami und Gurkenscheiben belegen. Diese Abfolge wiederholen und mit der dritten Brotscheibe abschließen.

Würzig-saftige Fleischscheiben

METHODE 14

HEISS GERÄUCHERTES HUHN

Eines ist sicher: Wenn Sie ein geräuchertes Huhn im Kühlschrank haben, dann wird es bestimmt bald gegessen. Es lohnt sich also, gleich mehrere zu räuchern, wenn man den Räucherofen schon anwirft. Der Räuchervorgang braucht seine Zeit, und man muss geduldig sein, bis Pökeln und Räuchern abgeschlossen sind. Aber das Warten lohnt sich. Wir bevorzugen Buche oder süße Kastanie als Räucherholz. Aber machen Sie Ihre eigenen Erfahrungen, probieren Sie aus, welche Holzart Ihnen am meisten zusagt. In dünne Scheiben geschnitten und als Bestandteil von Salaten und ähnlichen Gerichten ist ein geräuchertes Huhn sehr ergiebig.

VORBEREITUNG DES HUHNS

Als Erstes die überschüssige Haut an der Hals- und Afteröffnung des Huhns wegschneiden, damit die Luft gut durch die Bauchhöhle ziehen kann. Anschließend das Huhn dehnen: einfach die Flügel auseinanderziehen, dann den Vorgang mit den Keulen wiederholen, um die Bauchhöhle zu weiten.

ZUBEREITUNG DER PÖKELMISCHUNG

Für ein 2 kg schweres Huhn 200 g Salz, 100 g Zucker und zehn zerdrückte Pfefferkörner vermischen, dazu ganz nach Belieben weitere Gewürze und Kräuter zufügen.

PÖKELN DES HUHNS

Das Huhn innen und außen mit der Pökelmischung einreiben und dann in einen Kunststoffbehälter legen. Die restliche Salzmischung in und über das Huhn geben, speziell in die Falten. Den Behälter mindestens 4 Stunden kühl stellen. Man kann das Huhn aber auch über Nacht pökeln lassen. Anschließend das Huhn herausnehmen, das Salz gründlich abspülen und das Fleisch gut mit Küchenpapier trocknen. Einen Holzspieß unterhalb der Flügel durch die Brust stoßen und das Huhn zum Trocknen aufhängen.

HEISSRÄUCHERN DES HUHNS

Den Heißräucherofen anfeuern und bei geschlossener Tür auf 110 °C bringen, dann das Huhn hineinhängen. Das Huhn sollte innerhalb von 4 Stunden eine Kerntemperatur von 75 °C erreichen. An den dicksten Stellen von Keule und Brust testen.

FERTIGSTELLEN

Nach dem Räuchern das Huhn abkühlen lassen, bevor es in den Kühlschrank kommt. Weil sich der Rauch noch weiter im Fleisch ausbreitet, am besten noch 1 Tag warten, bevor das Huhn serviert wird. Das Räucherhuhn wird in einem Gefrierbeutel gut verpackt, damit nicht der ganze Kühlschrankinhalt „rauchig" schmeckt. Es hält sich dort etwa 1 Woche.

VORSCHLAG: ENTE UND TRUTHAHN

Diese Geflügel können genauso wie Huhn geräuchert werden. Probieren Sie Kreuzkümmel, Gewürznelken, Zimt und Koriander in der Pökelmischung aus.

HUHN HEISS RÄUCHERN

Das Huhn innen und außen mit der Pökelmischung einreiben und dann in einen Behälter legen. Die restliche Salzmischung in die Bauchhöhle und über das Huhn geben.

Den Behälter mindestens 4 Stunden kühl stellen. Nach Beendigung des Pökelvorgangs alles anhaftende Salz abspülen.

Das Huhn gründlich mit Küchenpapier trocken tupfen. Einen Holzspieß unterhalb der Flügel durch die Brust stoßen und das Huhn zum Trocknen aufhängen.

Den Räucherofen anfeuern und auf 110 °C bringen, bevor das Huhn hineingehängt wird. Es sollte innerhalb von 4 Stunden eine Kerntemperatur von 75 °C erreichen. An den dicksten Stellen von Keule und Brust testen.

Dieses Gericht bringt die Aromen des Räucherhuhns zur Geltung und nuanciert sie mit den frischen Kräutern. Es ist eine tolle Vorspeise oder ein leichtes Mittagessen und wird am besten mit einer dicken Scheibe getoasteter Brioche serviert.

FÜR 4 PERSONEN

TERRINE

800 ml Hühnerbrühe
4 Blätter Gelatine
2 TL frisch gehackter Thymian
1 Knoblauchzehe, gehackt
450 g geräuchertes Hühnerfleisch
1 TL frisch gehackter Schnittlauch
2 EL Zitronensaft
2 Eiweiß
100 g getrocknete Aprikosen, geviertelt
Limetten-, Orangen-, Zitronen- oder Grapefruitzesten, zum Garnieren

ZITRUSDRESSING

Saft von 1 Limette
Saft von 1 Orange
Saft von ½ rosa Grapefruit
Saft von ½ Zitrone
2 EL Weißweinessig
2 TL Zucker
1 Prise Salz

TERRINE VOM RÄUCHERHUHN

Die Hälfte der Hühnerbrühe in einem Topf erwärmen und die Gelatine unter Rühren darin auflösen. Beiseitestellen. Die übrige Brühe in einen anderen Topf gießen, 1 Teelöffel Thymian und Knoblauch dazugeben und aufkochen. Die Hitze reduzieren und die abgekühlte Gelatine zugeben. Vom Herd nehmen und abkühlen, aber nicht erstarren lassen.

Eine Terrinenform mit Frischhaltefolie auslegen, dann den Boden mit einer dünnen Schicht der Gelatinemischung überziehen.

Geräuchertes Hühnerfleisch, Schnittlauch, Zitronensaft und den restlichen Thymian in einen Mixer geben. Das Eiweiß aufschlagen und ebenfalls in den Mixer geben. Alles zu einer groben Masse verarbeiten. Eine Lage Aprikosenstücke in die Form streuen, danach eine Schicht von der Hühnchenmasse auftragen und mit Gelatinemischung übergießen. Eine weitere Lage Aprikosen und eine Schicht Hühnchenmasse daraufgeben. Wiederholen, bis alle Zutaten aufgebraucht sind. Über jede Lage Gelatinemischung gießen. Etwa 2–3 Stunden kühlen, bis die Terrine fest ist.

Für das Zitrusdressing alle Zutaten vermischen und in eine Flasche oder Becher füllen. Die Terrine mithilfe der Frischhaltefolie aus der Form stürzen. In Scheiben schneiden, mit Zitrusdressing beträufeln, mit etwas Zeste bestreuen und mit Erbsensprossen umlegt servieren.

Wenn wir ein Hähnchen heiß räuchern, bleibt nur selten etwas von der Hähnchenbrust übrig, denn die wird meist zuerst gegessen. Durch diese Zubereitung wird die Hähnchenbrust gehaltvoller und ergiebiger.

FÜR 4 PERSONEN

250 g geräucherte Hähnchenbrust
4 EL Mayonnaise
2 EL Zitronensaft
1 TL Dijon-Senf

FILO-KÖRBCHEN
6 Blätter Filo-Teig
zerlassene Butter, zum Bestreichen

RÄUCHERHÄHNCHEN-MOUSSE

Die Hähnchenbrust in große Würfel schneiden und in einen Mixer geben. Etwa 20 Sekunden mixen, dann Mayonnaise, Zitronensaft und Senf zugeben und eine weitere Minute durchmixen, bis eine glatte Mousse entsteht. Zwischendurch die Maschine anhalten und die Masse vom Rand des Gefäßes nach unten schaben, damit alles gut vermischt wird. Wenn nötig, etwas kaltes Wasser zufügen. Die Geflügelmischung in eine kleine Schüssel füllen und im Kühlschrank gut durchkühlen.

Den Backofen auf 180 °C vorheizen und vier Ramequin-Förmchen (7–8 cm Ø) mit Butter einfetten. Den Filo-Teig so in Dreiecke schneiden, dass sie in die Förmchen passen und die Ecken dabei etwa 2–3 cm überstehen. Die Seiten der Dreiecke sollten jeweils etwa 18–20 cm lang sein. Pro Förmchen braucht man drei Dreiecke. Die Filo-Teigdreiecke mit zerlassener Butter bestreichen und vorsichtig so in die Förmchen drücken, dass sich die Kanten überlappen und die Dreiecksspitzen eine „Blume" formen.

Im Ofen etwa 6 Minuten backen, bis sie goldbraun sind. In den Förmchen abkühlen lassen, dann vorsichtig herausnehmen.

Die gekühlte Hähnchenmousse mit einem Löffel in die Filo-Körbchen füllen und mit einigen Salatblättern garniert servieren.

Zweimal Enten-Zitrus-Salat in einem Buch? Wir konnten einfach nicht widerstehen. Wer das sanft geräucherte Entenfleisch probiert, wird verstehen warum. Dies ist eines unserer einfachsten, aber auch schmackhaftesten Rezepte. Wir bevorzugen Blutorangen wegen der Farbe und des pikanten Geschmacks, doch es eigenen sich auch andere Orangensorten dafür.

FÜR 2 PERSONEN

SALAT

2 geräucherte Entenbrüste

1 große Blutorange (oder eine einfache Orange verwenden)

einige Handvoll gemischte Salatblätter

1 TL Orangenzesten

6–12 frische Rosmarinblüten (nach Belieben)

DRESSING

1 TL Orangensaft

2 TL Olivenöl

je 1 Prise Salz und frisch gemahlener schwarzer Pfeffer

SALAT MIT HEISS GERÄUCHERTER ENTE

Die Entenbrüste auf ein Brett legen und quer zur Faser leicht schräg in etwa 5 mm dicke Scheiben schneiden. Die Orange schälen und dabei die weiße Haut möglichst vollständig entfernen, dann die Spalten herausschneiden.

Die Salatblätter in eine Servierschüssel legen und die geräucherten Entenfleischscheiben darüber verteilen. Mit Orangenzesten und, falls verwendet, Rosmarinblüten bestreuen.

Die Zutaten für das Dressing vermischen und den Salat damit beträufeln.

METHODE 15

HEISS GERÄUCHERTE TAUBENBRUST

Tauben eignen sich mit ihrem kräftigen Fleisch sehr gut zum Heißräuchern. Für alle, die noch nie Wild probiert haben, ist dies ein guter Einstieg. Wenn Sie keine frischen Tauben bekommen, nehmen Sie gefrorene Taubenbrüste, die bei vielen Fleischern erhältlich sind und sich ebenso gut eignen.

VORBEREITUNG DER TAUBE

Untersuchen Sie Wildtauben auf eventuell vorhandene Schrotkugeln. Eine Taubenbrust ist nicht sehr groß, doch 1½ Brüste pro Person sollten ausreichen. Wegen ihrer geringen Größe genügt es, wenn man die Taubenbrüste 1 Stunde in einer Mischung aus Salz, Pfeffer und weiteren Gewürzen nach Wahl pökelt.

Blutig, saftig und rauchig

VORBEREITUNG DER RÄUCHERPFANNE

Einige Esslöffel Holzspäne auf den Boden der Räucherpfanne geben und anzünden, dann den Rost einsetzen und den Deckel halb auflegen. Die Hitze auf höchste Stufe stellen und warten, bis sich der Rauch entwickelt.

RÄUCHERN DER TAUBE

Dann die Taubenbrüste auf den Rost legen, mit dem Deckel verschließen und die Hitze auf mittlere Stufe regulieren. Die Holzspäne glimmen rund 4–5 Minuten. Nach 4 Minuten die Hitzequelle ausschalten und die Brüste noch weitere 4 Minuten in der Räucherpfanne ruhen lassen. Die Temperatur in Räucherpfannen lässt sich nur schwer steuern, deshalb das Fleisch nur kurz garen und dann nachziehen lassen, damit es nicht austrocknet.

FERTIGSTELLEN

Die so geräucherten Brüste sind blutig und sollten sofort gegessen werden. Man kann das Fleisch auch in einer Sauce erhitzen, die ihm zusätzlich Feuchtigkeit und Geschmack gibt.

VORSCHLAG: KANINCHEN

Das magere Kaninchenfleisch kann genauso

wie eine Taubenbrust geräuchert werden. Keinesfalls länger räuchern, denn die kleinen Kaninchenteile trocknen schnell aus. Am besten lösen Sie beim Zerteilen des Kaninchens das Fleisch vom Knochen. Die Lende ist das zarteste Stück und sollte nicht zu stark gegart werden, weil sie sonst zu schnell zäh wird.

Kaninchen wird überlicherweise nicht blutig oder halb durchgegart serviert. Daher sollten Sie das Fleisch nach dem Räuchern in einer Sauce oder in einer Pastete garen.

VORSCHLAG: KLEINES WILDGEFLÜGEL

Einige kleinere Wildvögel haben einen sehr delikaten Geschmack und sollten daher lediglich leicht geräuchert werden. Am besten verfügbar ist meist Fasan. Vor dem Räuchern muss eine Fasanenbrust in drei Teile zerlegt werden.

TAUBENBRUST HEISS RÄUCHERN

1 Einige Esslöffel Holzspäne auf den Boden der Räucherpfanne geben und anzünden.

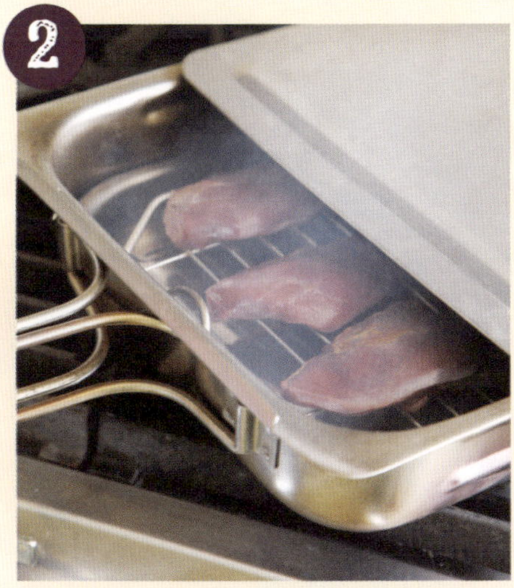

2 Den Rost einsetzen und den Deckel halb auflegen. Die Hitze auf höchste Stufe stellen. Wenn sich der Rauch entwickelt, die Brüste einlegen und mit dem Deckel verschließen.

3 Die Hitze auf mittlere Stufe regulieren. Nach 4 Minuten die Hitzequelle ausschalten und die Brüste noch weitere 4 Minuten in der Räucherpfanne ziehen lassen.

Dem kräftigen Taubenfleisch bekommt das Räuchern sehr gut. Mit Pilzen, Sahne und Sherry wird ein großartiges Gericht daraus. Das Taubenfleisch sollte nicht zu lange garen, damit es nicht zäh wird. Also sofort servieren, sobald alle Zutaten vermischt sind und die Sahnesauce heiß geworden ist.

FÜR 4 PERSONEN

200 g Blätterteig, Tiefkühlware aufgetaut
1 Ei, mit etwas Milch verquirlt
25 g Butter
1 kleine Zwiebel, gewürfelt
2 Knoblauchzehen, fein gehackt
250 g gemischte Pilze, in Scheiben
150 ml Sherry
8 heiß geräucherte Taubenbrüste, in Scheiben
250 g Schlagsahne extra
Meersalz und frisch gemahlener schwarzer Pfeffer
frischer Thymian, zum Garnieren

PIE MIT RÄUCHERTAUBE & PILZEN

Den Backofen auf 180 °C vorheizen. Den Blätterteig leicht ausrollen und vier Kreise von 10 cm Durchmesser ausstechen. Die Kreise auf ein Backblech legen und mit der Ei-Milch-Mischung bestreichen, dann 20 Minuten im Ofen goldbraun backen.

Inzwischen in einem Topf die Butter zerlassen. Zwiebel und Knoblauch dazugeben und langsam weich und glasig dünsten. Dann die Pilze zufügen und ebenfalls fast weich dünsten. Die Hitze erhöhen, den Sherry angießen und 2 Minuten kochen. Anschließend Taubenfleisch und Sahne unterrühren. Mit Salz und Pfeffer würzen. Sobald die Mischung heiß ist, servieren.

Das Gericht auf Teller verteilen und jeweils mit einer Blätterteigscheibe krönen. Mit Thymian garnieren und dazu grüne Bohnen servieren.

METHODE 16

HEISS GERÄUCHERTE MAKRELE

Heißräuchern ist eine gute Möglichkeit, einer Makrele einen intensiv aromatischen Geschmack zu verleihen. Durch dieses Verfahren wird der Fisch nicht nur länger haltbar, sondern auch gleich verzehrfertig gegart. Ob man einen großen Räucherofen benutzt oder eine Räucherpfanne, das Prinzip ist dasselbe. Man kann auch frischen Aal auf diese Weise zubereiten. Eine selbst geräucherte Makrele hat keine Ähnlichkeit mit den festen, oft harten Filets, die vakuumverpackt im Supermarkt angeboten werden. Sie werden sehen, Ihre selbst geräucherte Makrele ist äußerst schmackhaft und saftig. Man kann sie gut pur genießen oder als Zutat zu einem Gericht.

VORBEREITUNG DER MAKRELE

Mit einem Filetiermesser die Filets der Makrele auslösen. Dazu direkt hinter den Kiemen bis zur Mittelgräte einschneiden und dann vorsichtig mit dem Messer an den Gräten entlang bis zum Schwanz schneiden. Kurz vor dem Schwanz das Filet abtrennen. Den Fisch umdrehen und den Vorgang auf der anderen Seite wiederholen. Anschließend die Filets mit Küchenpapier von Blut- und Eingeweideresten säubern.

TROCKNEN DER MAKRELE

Wenn Sie die Makrele für eine längere Lagerung räuchern wollen, müssen die Filets zuvor getrocknet werden. Das kann in einer einfachen Salzlake geschehen oder durch Einlegen in einfaches, trockenes Salz für 1 Stunde. Für eine Lake mischt man in einem großen Topf 1 l Wasser mit 100 g Salz und 50 g Zucker. Erhitzen, bis sich Salz und Zucker aufgelöst haben, dann die Lake abkühlen lassen. Die Makrelen mit der kalten Lake bedecken und 30 Minuten in den Kühlschrank stellen. Dann die Filets herausnehmen und mit Küchenpapier trocken tupfen.

VORBEREITUNG DER RÄUCHERPFANNE

Die Räucherpfanne wird mit einer Räuchermischung aus 110 g losen Teeblättern (bevorzugt Earl Grey oder Jasmintee), 250 g Rundkornreis und 2 Esslöffeln Zucker befüllt.

RÄUCHERN DER MAKRELE

Den Fisch auf einen Rost über die Räuchermischung legen. Den Fisch immer mit der Hautseite nach unten auf das Gitter legen. Die Farbe wird als Indikator für den Räuchergrad und -geschmack der Fische dienen. Den Deckel auf die Pfanne setzen und dann die Alufolie umschlagen. 5 Minuten bei großer Hitze garen, danach noch 10 Minuten bei niedriger Hitze. Wenn im großen Ofen geräuchert wird, braucht die Makrele etwa 30–40 Minuten.

FERTIGSTELLEN

Wir ziehen es vor, einen geräucherten Fisch auskühlen zu lassen und erst am nächsten Tag zu servieren, doch auch ein Fisch direkt aus dem Rauch hat seine Qualitäten. Wird er nicht gleich gegessen, hält sich der geräucherte Fisch rund 10 Tage im Kühlschrank.

MAKRELE HEISS RÄUCHERN

Teeblätter, Reis und Zucker auf den Boden der Räucherpfanne geben.

Die Fischfilets mit der Haut nach unten auf einen Rost über die Räuchermischung legen.

Den Deckel aufsetzen und dann die Alufolie umschlagen.

Bei großer Hitze zunächst 5 Minuten, dann bei schwacher Hitze noch 10 Minuten garen.

Eine wunderbare Kombination, in der das Rhabarberrelish einen Kontrapunkt zur pfeffrigen Würze und dem natürlichen Fettgehalt der Makrele bildet. Ein einfaches und schnelles Gericht, das natürlich am besten mit einer selbst geangelten Makrele schmeckt. Man kann die Makrele zimmerwarm abgekühlt oder heiß direkt aus der Räucherpfanne servieren.

FÜR 2 PERSONEN

- 1–2 Rhabarberstängel, gehackt
- 2 EL grob gehackte Ingwerwurzel
- 150 g Zucker
- Saft und Zesten von 1 Zitrone
- 4 heiß geräucherte Makrelenfilets
- 1 TL zerstoßene schwarze Pfefferkörner
- 1 großes Bund frischer Rucola
- 2 Frühlingszwiebeln, gehackt
- 1 TL natives Olivenöl extra

GERÄUCHERTE MAKRELE MIT RUCOLASALAT & RHABARBERRELISH

Zuerst das Rhabarberrelish zubereiten. Rhabarber, Ingwer, Zucker und den Großteil des Zitronensafts in einem Topf bei schwacher Hitze rund 15 Minuten köcheln, bis der Saft freigesetzt wird. Auf mittlere Hitze hochschalten und das Relish kochen, bis es eindickt.

In der Zwischenzeit die geräucherte Makrele mit dem schwarzen Pfeffer bestreuen.

Rucola und Frühlingszwiebeln in eine Servierschüssel geben, mit Olivenöl und dem restlichen Zitronensaft beträufeln und mit den Zitronenzesten bestreuen.

Die Makrele mit dem Salat anrichten und mit einem Löffel Rhabarberrelish servieren.

Dieses bisher geheime Familienrezept stellen wir hier erstmals der Öffentlichkeit vor. Unsere Räuchermakrelen-Pâté hat sich inzwischen zu einem Sommerklassiker entwickelt. Wir räuchern die Makrelen gerne selbst, doch das Rezept schmeckt natürlich auch mit fertig gekauften geräucherten Makrelenfilets.

MAKRELEN-PÂTÉ

500 g geräucherte Makrele
250 g Crème fraîche
2 TL Sahnemeerrettich
1 TL frisch gemahlener schwarzer Pfeffer
2 TL grobkörniger oder Dijon-Senf
1 EL Zitronensaft
Vollkorn-Toastbrot, zum Servieren

APFELSALAT

1 große Rote Bete
2 kleine Kohlrabi (nach Möglichkeit blaue)
1 Apfel
1 gehäufter EL Mayonnaise
Salz und frisch gemahlener schwarzer Pfeffer

RÄUCHERMAKRELEN-PÂTÉ MIT APFELSALAT

Die Zutaten für die Pâté in einer Schüssel mit einer Gabel gut vermischen. Die Konsistenz der Masse kann ganz nach Belieben abgestimmt werden. Die einen bevorzugen die Pâté fester, die anderen etwas weicher und geschmeidiger.

Die Rote Bete schälen und raspeln. Die Kohlrabi schälen und mit einer Mandoline (falls vorhanden) in dünne Stifte schneiden, sonst wie die Rote Bete raspeln. Den Apfel schälen und in dünne Scheiben schneiden. Alles in eine Schüssel geben und mit der Mayonnaise verrühren, dann mit Salz und Pfeffer abschmecken.

Die Pâté mit dem Apfelsalat servieren. Dazu Toastbrot reichen.

Aal, auf Japanisch „unagi“, ist ein Fisch, bei dem viele nicht wissen, wie man ihn zubereiten soll. Dieses Rezept betont seine Qualitäten und bewahrt den feinen Geschmack, ohne allzu viele andere Zutaten zu verwenden. Der Zusatz „nigiri“ bedeutet handgeformt. Unagi nigiri ist ein guter Einstieg in die Sushi-Zubereitung.

FÜR 4 PERSONEN (3 RÖLLCHEN PRO PERSON)

SUSHIREIS
- 150 g Sushireis
- 75 ml Reisessig
- 50 g Zucker
- 2 EL Salz

MEERRETTICHSENF
- 2 TL geriebener Meerrettich
- 1 TL Dijon-Senf

ZUSAMMENSTELLUNG DER NIGIRI
- 12 Scheiben Räucheraal
- 12 Streifen Nori (getrocknete Algen)
- 2 EL Kabayaki-Sauce, zum Glasieren
- 1 EL Sesamsaat

ZUM SERVIEREN
- eingelegter Ingwer
- Sojasauce

UNAGI NIGIRI

Den Sushireis nach Packungsangaben garen. Während der Reis kocht, in einem Topf Essig, Zucker und Salz erhitzen, bis sich der Zucker aufgelöst hat. Abkühlen lassen. Den gegarten Reis abgießen, dann in eine flache Schüssel füllen und mit einer Gabel die Körner auflockern, dabei langsam die Essigmischung einarbeiten. Den Reis bis zur Verwendung mit einem Tuch abdecken.

Geriebenen Meerrettich und Senf in einer Schüssel zu einer geschmeidigen Paste vermischen.

Zum Formen der Sushis zunächst die Hände in einer Schüssel mit Wasser anfeuchten, damit der Reis nicht kleben bleibt. Dann aus jeweils 2 Esslöffeln Sushireis schmale leicht abgeflachte Rollen formen. Eine Scheibe Räucheraal längs auf den Reis legen. Wenn das Sushi leicht warm gegessen werden soll, die Rollen jetzt 1–2 Minuten unter den vorgeheizten Backofengrill stellen. Einen Streifen Nori jeweils quer über Reis und Aal legen und so umklappen, dass sich beiden Enden unter den Reisrollen etwas überlappen. Nori und Aal nun mit der Kabayaki-Sauce glasieren. Mit dem Sesam bestreuen und die Unagi Nigiri auf eine Platte setzen.

Die fertigen Unagi Nigiri zusammen mit Meerrettichsenf, eingelegtem Ingwer und Sojasauce servieren.

METHODE 17

HEISS GERÄUCHERTE AUSTERN

Roh, mit einigen Tropfen Zitronensaft und etwas Pfeffer, sind Austern ein kaum zu überbietender Genuss. Doch nicht jeder mag rohe Austern, und wer gerne öfter Austern isst, wünscht sich vielleicht auch eine Abwechslung. Probieren Sie doch einfach mal geräucherte Austern aus. Die Zubereitungsmethode, die wir hier vorstellen, eignet sich auch zum Räuchern von Mies-, Jakobs- und Venusmuscheln.

ÖFFNEN DER AUSTERN

Als Erstes muss man die Austern öffnen. Die Anschaffung eines Austernmessers lohnt sich. Zur Not tut es auch ein kräftiges, kleines Messer. Wenn Sie das erste Mal Austern öffnen, tragen Sie unbedingt Handschuhe oder umwickeln Sie Ihre Hand mit einem Küchentuch. Die Austernschalen sind scharfkantig, und in der Aufregung kann man sich leicht verletzen. Nicht zu viel Kraft einsetzen, denn Sie könnten die Auster beschädigen oder mit dem Messer abrutschen und sich verletzen.

Zum Öffnen hält man die Auster fest in der Hand und drückt die Messerspitze mit einer leicht ruckelnden Bewegung in den Spalt zwischen den beiden Schalenteilen. Das Messer verkanten, bis ein knackendes Geräusch zu hören ist. Dann das Messer an der flachen Schale entlangführen, um den Schließmuskel innen zu durchtrennen. Zum Schluss die Auster aus der Schale lösen und auf ein Eisbett legen.

VORBEREITUNG DER RÄUCHERPFANNE

Die Räucherzutaten in einer kleinen Schüssel vermischen. Für acht Austern braucht man 250 g Langkornreis, 1–2 Esslöffel Teeblätter (bevorzugt Earl Grey oder Jasmin) und 250 g Demerara-Zucker. Die Pfanne so mit Alufolie auslegen, dass diese am Rand übersteht und später um den Deckel gelegt werden kann. Die Räuchermischung in die Pfanne geben und einen mit Alufoliestreifen belegten kleinen (idealerweise runden) Rost darübersetzen.

RÄUCHERN DER AUSTERN

Die Pfanne aufheizen und, sobald sich der Rauch entwickelt, die Austern auf den mit Alufoliestreifen belegten Rost geben. Den Deckel auf die Pfanne setzen und die überstehende Alufolie fest um den Deckel andrücken, um den Rauch möglichst in der Pfanne zu halten. Der Rauch gibt den Austern ein besonderes Aroma und gart sie. Die Pfanne dazu 10–15 Minuten auf dem Herd erhitzen. Die Austern werden sofort serviert oder 1 Stunde kühl gestellt. Die Räuchermischung wird nach dem Abkühlen entsorgt.

VORSICHT

Austern müssen im Kühlschrank gelagert und innerhalb weniger Tage verzehrt werden. Nur lebende Austern sind unbedenklich zu genießen. Bei einer lebenden Auster sind die Schalen fest geschlossen oder schließen sich, wenn man daraufklopft. Essen Sie keine Austern, die offen sind oder nicht auf den Klopftest reagieren.

AUSTERN HEISS RÄUCHERN

Zucker, Reis und Tee in einer kleinen Schüssel vermischen. Dann die Pfanne so mit Alufolie auslegen, dass diese am Rand übersteht. Die Räuchermischung in die Pfanne füllen.

Einen runden Rost in die Pfanne setzen und mit Alufoliestreifen belegen. Die Pfanne erhitzen, bis sich Rauch entwickelt, dann die Austern auf die Alufoliestreifen legen.

Den Deckel auf die Pfanne setzen und die überstehende Alufolie dicht an den Deckel pressen, damit der Rauch nicht entweicht.

Die Pfanne 10–15 Minuten erhitzen. Die Austern sofort servieren oder kühl stellen. Die Räuchermischung wegwerfen.

Die Austern bilden einen wunderbaren Kontrast zu der frischen Salsa. Die Salsa ist einfach gehalten, denn Vorrang haben hier die geräucherten Austern. Mit einem Glas trockenem Weißwein ist dies ein ideales Gericht für einen Sommerabend.

FÜR 4 PERSONEN ALS SNACK ODER
FÜR 2 PERSONEN ALS VORSPEISE

8 geräucherte Austern, gut gekühlt
Cayennepfeffer, zum Würzen
125 g Queller (Salicorn)
frisch gehackter Koriander, zum Garnieren

SALSA
3 große Tomaten
1 Knoblauchzehe
1 frische rote Chili, entkernt
½ rote Zwiebel
einige frische Korianderstängel
Saft von 1 Limette

GERÄUCHERTE AUSTERN & SALSA

Für die Salsa Tomaten, Knoblauch, Chili, Zwiebel und Koriander zusammen klein hacken und in eine Schüssel geben. Mit dem Limettensaft beträufeln, verrühren und beiseitestellen.

Die Austern mit etwas Cayennepfeffer würzen. Den Queller auf die Austernschalen verteilen, eine Auster darauflegen und mit einem gehäuften Löffel Salsa und frisch gehacktem Koriander überziehen.

5

KALT-RÄUCHERN

KALTRÄUCHERN

Das Kalträuchern dient nicht dem Garen von Lebensmitteln, sondern deren Konservierung. In kühler Umgebung können kalt geräucherte Produkte viele Monate gelagert werden. Wie der Name schon sagt, soll dabei möglichst wenig Hitze entstehen. Darin liegt auch die Herausforderung, denn wir alle wissen, dass „ohne Rauch, kein Feuer". Wir wollen Rauch, aber keine Wärme. Das klingt verzwickt, doch Kalträuchern ist überraschend einfach und liefert köstliche Ergebnisse.

SO FUNKTIONIERT KALTRÄUCHERN

Lebensmittel, speziell Fleisch, werden meist vor dem Räuchern gepökelt. Der Pökelprozess entzieht die Feuchtigkeit, die Bakterien zum Wachstum brauchen, und fördert die Absorption des Holzrauchs. Gleichzeitig bildet der eindringende Rauch eine Barriere gegen Schädlinge und Bakterien. Beim Kalträuchern kommt es nur zu einer leichten Verhärtung der Oberfläche des Produkts, sodass der Rauch leicht und vollständig eindringen kann.

HINWEISE

- An einem kühlen Tag räuchern.
- Die Temperatur des Rauchs überwachen.
- Genug Platz um das Räuchergut lassen, damit der Rauch frei zirkulieren kann.
- Geräucherte Produkte vor dem Verzehr mindestens 24 Stunden (gut verpackt) im Kühlschrank ruhen lassen.
- Sägespäne und -mehl dürfen nur von geeigneten Holzarten stammen.
- Die Produkte in den Räucherofen geben, sobald dieser voll arbeitet und reichlich Rauch produziert.

DIE RICHTIGE TEMPERATUR

Kalträuchern ist etwas komplizierter als Heißräuchern, denn die Temperatur muss dabei unbedingt unter 20 °C bleiben. Mit etwas Vorsicht ist das machbar, bedeutet aber meist, dass die Hitzequelle zur Erzeugung des Holzrauchs von der Räucherkammer ferngehalten werden muss. Wird das nicht beachtet, kann ein Garprozess einsetzen, und das Produkt büßt seine Haltbarkeit ein. Außerdem schaffen höhere Temperaturen genau die Bedingungen, die Bakterien zum Vermehren brauchen.

HOLZ

Die unterschiedlichen Holzarten liefern auch verschiedene Raucharomen (siehe Seite 101 mit einer Auswahl unserer Favoriten). Einige Holzarten sind ungeeignet, speziell Nadelhölzer wie Kiefer oder Fichte, denn ihr hoher Harzgehalt verdirbt den Geschmack der Speisen. Generell eignet sich das Holz von Laubbäumen am besten.

BESCHAFFUNG DES HOLZES

Bei der Beschaffung des Räucherholzes sollten Sie vorsichtig sein. Man kann nicht einfach bei einem Schreiner vor Ort vorbeischauen, der schöne Möbel anfertigt, und dort beliebig Sägespäne und -mehl mitnehmen. Die Werkstätten verarbeiten meist viele verschiedene Materialien. Ein Sack mit Sägespänen, der mit

Zum Kalträuchern braucht man wenig an Ausrüstung, dafür aber hochwertige Lebensmittel.

Nadelholz oder Resten von Faserplatten verunreinigt ist, macht Ihre Produkte ungenießbar. Erklären Sie genau, was Sie brauchen. Sie können das Holz auch selbst sammeln und im Häcksler klein hacken. Herbst und Winter sind die besten Jahreszeiten, denn dann hat das Holz weniger Saft.

VERBRENNUNG

Von der Anordnung des Räuchermaterials im Ofen hängen Brenndauer, Rauchintensität und Wärmentwicklung ab, die jeweils genau kontrolliert werden müssen.

Wir häufen am Boden unserer Räuchertonne an der Wand entlang in Hufeisenform etwa 15 cm hoch und breit Sägemehl an. Wir benutzen Sägemehl, weil es nicht so schnell entflammt wie Sägespäne, allerdings ist es etwas schwieriger zum Glimmen zu bringen. Bewährt hat sich das Entzünden mit einer Lötlampe, die etwa 30 Sekunden auf das eine Ende des Sägemehlhufeisens gerichtet wird. Die Glut wird sich dann an der Wand entlang vorarbeiten. Eine halb um die Tonne reichende Sägemehlspur wird in rund 8 Stunden abbrennen. Bei drei Viertel des Tonnenumfangs sollte das Räuchermaterial 12 Stunden vorhalten und die Nacht über brennen. Bei merklicher Luftzufuhr oder Verwendung einer leichten Holzart wie Esche ist die Brenndauer kürzer.

Besitzt der Räucherofen eine separate Räucherkammer, kann man auch Holzspäne und -schnitzel verwenden, die bei höherer Temperatur als Sägemehl verbrennen. Sie neigen aber

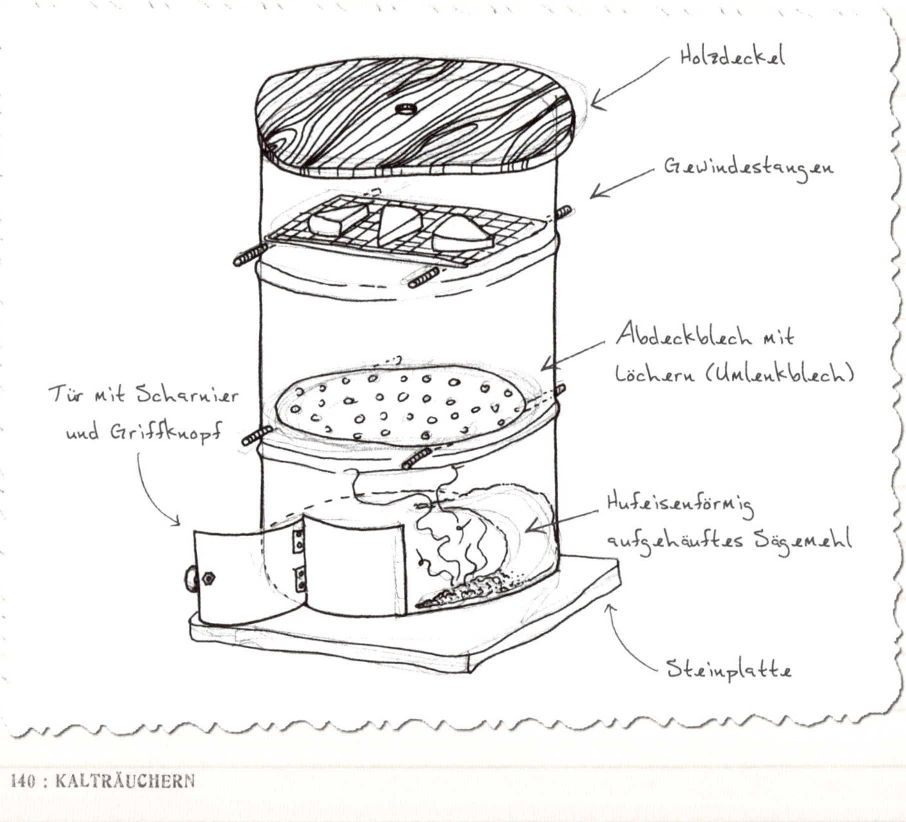

zum Entflammen, was die Räucherdauer und die Rauchintensität mindert. Je kompakter die Späne, umso langsamer verbrennen sie.

KALTRÄUCHEROFEN

Ein Kalträucherofen bietet reichlich Platz und sollte möglichst mit seiner ganzen Kapazität genutzt werden. Beim Befüllen muss man nur darauf achten, Platz für den zirkulierenden Rauch zu lassen. Unterschiedliche Produkte sollten genug Abstand haben, damit z. B. Käse nicht durch den zu dicht danebenliegenden Fisch geschmacklich beeinträchtigt wird.

VORSICHT

Beim Räuchern von Fleisch und Fisch ist es ganz wichtig, bestimmte Temperaturbereiche einzuhalten, um das Produkt vor Verderb durch Bakterien zu schützen. Der wirklich gefährliche Bereich entspricht in etwa unserer Körpertemperatur, denn da vermehren sich Bakterien besonders schnell. Als Faustregel gilt: Speisen nie bei Temperaturen zwischen 25 °C und 60 °C garen!

KALT GERÄUCHERTE PRODUKTE

PRODUKT	ANMERKUNG	ZEIT
Käse	In ca. 500 g schwere Stücke schneiden. Man kann mehrere Stücke gleichzeitig räuchern.	6–8 Stunden
Schinken	Nach dem Pökeln abspülen, trocken tupfen und so im Smoker aufhängen, dass ringsum reichlich Platz ist.	24–48 Stunden
Speck	siehe Seite 142–143	
Salami (vor der Lufttrocknung)	In den Smoker hängen. Nach dem Räuchern noch zum Reifen hängen lassen (sehr leichtes Räucheraroma).	4–8 Stunden
Salami (nach der Lufttrocknung)	Nach der Lufttrocknung räuchern, 24 Stunden abhängen lassen, dann servieren.	4–8 Stunden
Nüsse	In einer einzelnen Schicht auf einem Einsatz verteilen.	4 Stunden
Knoblauch	Die Knollen großzügig auf dem Gitter verteilen.	6 Stunden
Lachs	siehe Seite 146–147	
ganze Forelle	Fisch ausnehmen, rund 2–3 Stunden pökeln, trocknen; dann zum Aufhängen einen Zweig durch die Augenhöhlen spießen, oder den Fisch auf einen Rost legen.	4–6 Stunden
Eier	Leicht geräuchert, schmecken geschälte hart gekochte Eier hervorragend.	2 Stunden

METHODE 18

KALT GERÄUCHERTER SPECK

Wenn man die Herstellung von Speck (siehe Seite 46–47) beherrscht, wäre der nächste Schritt, ihn auch zu räuchern. Speck kann aus verschiedenen Teilen des Schweins hergestellt werden, wobei die Art des Pökelns und Räucherns ganz unterschiedliche Geschmacksvarianten bedingt. Sehr beliebt und entsprechend teuer ist der magere Schinkenspeck aus der gepökelten Lende. Wesentlich günstiger ist der durchwachsene Bauchspeck, der vielfältig in der Küche eingesetzt werden kann. Es gibt viele Varianten, das Fleisch zuzuschneiden und zu pökeln, und ähnlich viele Möglichkeiten, es zu räuchern. Unterschiedliche Hölzer verleihen dem Speck zudem unterschiedliche Geschmacksrichtungen, auch die Räucherzeit ist von großer Bedeutung.

AUSWAHL DES FLEISCHSTÜCKS

Ein traditionell beliebtes Stück zur Herstellung von Speck ist der ausgebeinte und gerollte Schweinehals aus der Schulterregion direkt hinter dem Kopf des Schweins. Der hochwertigere vordere Halsabschnitt bringt etwa 2,5 kg auf die Waage, der dünnere hintere Teil etwa 1 kg. Dann gibt es noch das Vorderbein mit zwei unterschiedlichen Teilen. Das etwas fettere Schulterstück verleiht Erbsen- und Linseneintöpfen einen wunderbaren Geschmack. Die nicht ganz so fettreiche Haxe eignet sich gut für Schmor- und Eintopfgerichte.

Wenn Sie etwas wagemutiger sind, fragen Sie Ihren Metzger doch nach einem ausgelösten Mittelstück mit Schwarte aus Rippenkoteletts und Bauch. So haben Sie später die Möglichkeit, gleichzeitig geräucherten Bauch- und Rückenspeck zu probieren.

Wenn's für den Anfang etwas einfacher sein soll, dann verarbeiten Sie erst einmal durchwachsenen Schweinebauch oder die Lende zu Frühstücksspeck.

DAS FLEISCH PÖKELN

Zunächst muss das Fleisch gepökelt werden. Zur Auswahl stehen Trockenpökeln (siehe Seite 42–45) oder Nasspökeln (siehe Seite 18–21). Beide Methoden sind geeignet. Für

Den Speck einfach aufhängen, wenn er bald gegessen wird.

den Einstieg empfiehlt sich das Trockenpökeln. Man braucht dazu nur einen Kunststoffbehälter mit Deckel und einigen Drainagelöchern im Boden. Verwenden Sie eine einfache Pökelmischung, weil der Rauch den Geschmack bestimmen soll.

DAS FLEISCH TROCKNEN

Das Fleisch aus dem Pökelsalz nehmen, abspülen und mit Küchenpapier trocken tupfen. An einem kühlen Ort 1 Stunde zum Trocknen aufhängen. Nach dem Trocknen bleibt eine eingetrocknete Schicht aus Salz und Zucker auf dem Fleisch zurück. Dieser Überzug fördert die Aufnahme des Rauchs durch das Fleisch. Das Fleisch muss richtig trocken sein, damit es gleichmäßig Farbe und Rauch annimmt.

VORBEREITUNG DES RÄUCHEROFENS

Den Räucherofen anzünden und warten, bis er kontinuierlich Rauch produziert. Eine Empfehlung zum Räuchermehl ist schwierig, weil jede Holzart ihr spezielles Aroma hat. Gängig ist mit Eiche oder Apfel geräucherter Speck, doch man kann zunächst einmal Buche ausprobieren. Später kann man mit Ahorn, Mesquite und Hickory experimentieren.

DAS FLEISCH RÄUCHERN

Die Fleischstücke können auf einen Rost im Ofen gelegt oder an speziellen Räucher- oder Fleischerhaken aufgehängt werden. Überprüfen Sie immer wieder die Temperatur und das Feuer, damit es nicht ausgeht. Den Speck etwa 8 Stunden räuchern, bis Ihnen seine Farbe zusagt.

FERTIGSTELLEN

Wenn Sie mit dem Ergebnis zufrieden sind, den Speck aus dem Räucherofen nehmen, in Backpapier oder Frischhaltefolie einwickeln und 24 Stunden in den Kühlschrank legen, damit sich die Aromen vollständig verteilen. Gut verpackt, hält sich der Speck im Kühlschrank mehrere Wochen.

SERVIEREN

Der fertige Speck wird aufgeschnitten, und los geht's. Legen Sie eine Speckscheibe in eine Pfanne ohne Öl. Beim Erhitzen wird der Speck genug Fett abgeben, um schön knusprig zu braten.

In Würfel geschnittener durchwachsener Speck lässt sich in vielen Gerichten verwenden. Geräucherte Schinkenspeckstücke können im Ganzen gekocht und dann heiß oder kalt serviert werden. Besonders gut schmeckt eine Grüne Sauce dazu.

Ein klassisches Specksandwich zum Frühstück ist kaum zu schlagen. Und je besser der Speck, umso besser das Sandwich. Dieses BLT-Sandwich (BLT: Bacon, Lettuce, Tomato) ist die perfekte Art, selbst gemachten Speck zu genießen.

FÜR 2 PERSONEN

- 2 Ciabatta-Brötchen (oder jede andere Brötchensorte)
- etwas Olivenöl
- 6 dünne Scheiben geräucherter Speck
- 2 Knoblauchzehen
- 4 EL Mayonnaise
- 2 große Tomaten
- 2 Handvoll gemischte Salatblätter

GUACAMOLE

- 1 vollreife Avocado
- 1 EL frisch gehackter Koriander
- Saft von ½ Limette
- ½ milde Chili
- ½ rote Zwiebel, gewürfelt
- Salz und frisch gemahlener schwarzer Pfeffer

DAS ULTIMATIVE BLT-SANDWICH

Den Backofengrill vorheizen. Die Ciabatta-Brötchen horizontal halbieren und von beiden Seiten goldgelb toasten.

Währenddessen sehr wenig Öl in einer Pfanne erhitzen. Die Speckscheiben darin nach Wunsch knusprig braten. Aus der Pfanne nehmen und warm halten.

Für die Guacamole die Avocado aufschneiden, mit einem Löffel das Avocadofleisch auslösen und zusammen mit Koriander, Limettensaft, Chili und roter Zwiebel grob hacken. Mit Salz und Pfeffer würzen.

Den Knoblauch fein hacken und in einer kleinen Schüssel mit der Mayonnaise vermischen. Diese Mischung auf die Brötchenhälften streichen und diese einige Minuten unter den Grill schieben.

Die Tomaten in dicke Scheiben schneiden. Nun wird das BLT-Sandwich belegt. Man beginnt mit einer Lage Salatblätter auf der warmen Knoblauchmayonnaise und legt darüber die Tomatenscheiben. Als Nächstes kommt der Speck mit einem üppigen Löffel Guacamole.

Je dünner die Scheiben, desto besser

METHODE 19

KALT GERÄUCHERTER LACHS

Der Unterschied zwischen heiß und kalt geräuchertem Lachs besteht darin, dass die heiß geräucherte Variante vollständig gegart ist und eine flockige Faserstruktur annimmt, während die kalt geräucherte ihr seidiges, festes Fleisch behält. Das Kalträuchern liefert einen aromatischeres Produkt, weil der Rauch leichter eindringt.

VORBEREITUNG DES LACHSES

Zunächst muss der Lachs für das Pökeln vorbereitet werden. Dazu wird ein Filet mit Haut benötigt. Man kann den Fisch selbst zuschneiden (siehe Seite 54–55) oder fertig filetiert kaufen. Gräten vollständig entfernen.

DEN LACHS PÖKELN

Den Boden eines Tellers mit Salz-Zucker-Mischung (siehe Seite 56) bedecken und den Lachs mit der Hautseite nach unten darauflegen. Die Fleischseite mit der Mischung einreiben, dann den Lachs mit einer 2–3 mm dicken Schicht der Pökelmischung bedecken und etwa 4 Stunden in den Kühlschrank stellen. Gründlich abspülen, gut mit Küchenpapier trocken tupfen und an der Luft mindestens 12 Stunden trocknen lassen.

VORBEREITUNG DES RÄUCHEROFENS

Wenn Sie zum ersten Mal Lachs räuchern, empfiehlt sich eine gewisse Zurückhaltung bei der Rauchdosierung. Suchen Sie sich eine Sorte Räuchermehl aus, Eiche passt eigentlich immer. Ausreichend Sägemehl in den Smoker geben, anzünden und warten, bis sich die Kammer mit dichtem Rauch gefüllt hat.

RÄUCHERN DES LACHSES

Den Lachs in den Räucherofen hängen und den Deckel aufsetzen. Die Temperatur überwachen und darauf achten, dass stets Rauch erzeugt wird. Sollte das Feuer ausgehen, die Luftzufuhr erhöhen. Vor dem erneuten Anzünden die Räucherprodukte herausnehmen, damit sich keine Asche auf ihnen absetzt.

FERTIGSTELLEN

Nach rund 4 Stunden (maximal 6 Stunden) Räuchern den Lachs herausnehmen, in Backpapier oder Frischhaltefolie einwickeln und in den Kühlschrank legen, damit das Aroma den Fisch vollständig durchdringen kann. Nach 24 Stunden servieren. Im Kühlschrank hält sich der Lachs 2–3 Wochen.

VORSCHLAG: FORELLE

Den Fisch ausnehmen, die Kiemen entfernen, innen gründlich mit der Pökelmischung einreiben, mit dem Rest der Mischung bedecken und 2–3 Stunden pökeln. Abspülen, trocken tupfen und mindestens 8 Stunden an der Luft trocknen lassen. Auf ein Gitter legen oder an einem durch die Augenhöhlen gespießten Zweig aufhängen und 4 Stunden räuchern.

LACHS KALT RÄUCHERN

Den Lachs filetieren und alle verbliebenen feinen Gräten vollständig entfernen.

Den Fisch etwa 4 Stunden pökeln. Dann abspülen und mit Küchenpapier trocken tupfen.

Ausreichend Sägemehl in den Räucherofen füllen und anzünden. Warten, bis sich die Räucherkammer mit dichtem Rauch gefüllt hat. Den Lachs hineingeben, die Kammer verschließen und 4–6 Stunden räuchern.

Den Lachs aus dem Smoker nehmen, in Backpapier oder Frischhaltefolie einwickeln und im Kühlschrank ruhen lassen, damit sich das Aroma verteilen kann.

Blini sind kleine Pfannkuchen, die traditionell aus einem mit Buchweizenmehl bereiteten Hefeteig gebacken werden. Sie sind die perfekte Grundlage für Kanapees und können mit allen möglichen Zutaten belegt werden. Wir haben uns für eine köstliche Kombination aus Crème fraîche, Räucherlachs und Kaviar entschieden. Wer keine Blinipfanne hat, nimmt eine schwere Bratpfanne.

ERGIBT ETWA 25 STÜCK

- 125 g Crème fraîche
- 100 g geräucherter Lachs, in Scheiben geschnitten
- 1 Glas Deutscher Kaviar (Kaviarersatz aus Seehasenrogen)

BLINI

- 50 g Buchweizenmehl
- 150 g Weizenmehl (Type 550)
- 1 TL Salz
- 7 g Trockenhefe
- 2 Eier, getrennt
- 300 ml warme Milch
- Butterschmalz, zum Braten

BLINI MIT RÄUCHERLACHS

Für die Blini die beiden Mehlsorten in eine Schüssel sieben, Salz und Hefe untermischen. In einer zweiten Schüssel das Eigelb verquirlen und die warme Milch einrühren. Die Eier-Milch-Mischung zur Mehlmischung gießen und alles gut verrühren. Die Schüssel mit einem Küchentuch abdecken und den Teig etwa 1 Stunde ruhen lassen, bis die Hefe aktiv wird und der Teig Bläschen wirft.

Das Eiweiß steif schlagen, bis sich Spitzen bilden, dann mit einem Löffel vorsichtig unter den Teig heben. Die Mischung sollte möglichst luftig bleiben. Den Teig mindestens 15 Minuten ruhen lassen.

Eine Blini- oder schwere Bratpfanne bei mittlerer Temperatur erhitzen und etwas Butterschmalz hineingeben. Den Teig esslöffelweise in die Pfanne geben. Die Pfannkuchen nach etwa 1½ Minuten Backzeit wenden und die andere Seite ebenfalls 1½ Minuten backen. Nach und nach den gesamten Teig auf diese Weise verarbeiten.

Wenn die Blini fertig sind, können sie belegt werden. Man beginnt mit einer Schicht Crème fraîche, darauf kommt eine Lage Räucherlachs und als Krönung etwas Kaviar.

Kleine, köstlich duftende Blini sind ein Gedicht.

Dies ist ein ideales Gericht für ein Sonntagsfrühstück oder ein leichtes Mittagessen. Mancher verbindet damit vielleicht Dekadenz, doch es ist recht preiswert. Auf unseren Reisen bewerten wir die Hotels nach der Qualität ihrer Rühreier. Jeder kann sie zubereiten, doch meist werden sie zu lange gegart und geraten dadurch zu trocken. Wir mögen sie lieber weich und cremig.

FÜR 4 PERSONEN

8 Eier (am besten Freilandeier)
Salz und frisch gemahlener schwarzer Pfeffer
50 g geräucherter Lachs
75 g Butter
1 EL frisch gehackter Dill
4 dicke Scheiben Vollkornbrot, getoastet

RÄUCHERLACHS MIT RÜHREI

Die Eier mit einer Prise Salz gut verquirlen. Den Räucherlachs in etwa 5 mm kleine Würfel schneiden.

In einer beschichteten Pfanne etwa 50 g Butter zerlassen, dann die verquirlten Eier hineingießen und beim Garen langsam umrühren. Die Eier beginnen allmählich zu stocken. Solange sie noch leicht flüssig sind, vom Herd nehmen und rasch die restliche Butter unterrühren. Jetzt muss alles schnell gehen, denn das vom Herd genommene Gericht kühlt schnell ab.

Lachs und Dill gut und gleichmäßig untermischen. Das Rührei auf Toastscheiben anrichten und mit etwas schwarzem Pfeffer würzen.

Räucherlachs galt lange als Luxus und kam meist nur zu besonderen Gelegenheiten auf den Tisch. Jetzt, wo wir den Lachs selbst räuchern können, ist dies ein vergleichsweise preiswertes, schmackhaftes und üppiges Gericht.

FÜR 4 PERSONEN

Olivenöl, zum Dünsten und Kochen
500 g Linguine oder Spaghetti
1 Knoblauchzehe, gehackt
200 g geräucherter Lachs, klein geschnitten
1 Handvoll frischer Dill, fein gehackt
1 EL Zitronensaft
250 g Schlagsahne extra
Salz und frisch gemahlener schwarzer Pfeffer

PASTA MIT RÄUCHERLACHS

Salzwasser in einem großen Topf aufkochen und etwas Olivenöl hineingießen. Die Pasta dazugeben und 1 Minute weniger, als auf der Verpackung angegeben, kochen.

Während die Pasta kocht, in einer Pfanne 1 Esslöffel Olivenöl erhitzen und den Knoblauch darin sanft weich dünsten. Dann Räucherlachs, Dill, Zitronensaft und Sahne untermischen. Erhitzen und mit Salz und Pfeffer abschmecken.

Wenn die Nudeln fertig sind, abgießen und dabei das Kochwasser auffangen. Die Pasta in die Pfanne geben und vorsichtig umrühren. Wenn die Konsistenz der Sauce zu dickflüssig wird, etwas Kochwasser angießen. Heiß servieren.

In unserem Haushalt sind Fischfrikadellen sehr beliebt. Dieses Rezept präsentiert eine würzig, pikante Version davon. Wer mag, kann den Räucherlachs auch durch geräucherten Schellfisch ersetzen.

FÜR 4 PERSONEN

1 kg neue Kartoffeln
150 g geräucherter Lachs, grob gehackt
4 Frühlingszwiebeln, grob gehackt
2 frische rote Chilis, nicht entkernt und in Ringen
100 g schwarze oder grüne Oliven, entsteint und grob gehackt
1 EL Kapern, grob gehackt
½ verquirltes Ei
3 EL grob gehackter frischer Koriander
Saft und Zesten von ½ Limette
2 EL Mehl
Salz und frisch gemahlener schwarzer Pfeffer
natives Olivenöl extra, zum Braten

LIMETTENMAYONNAISE

Saft und abgeriebene Schale von ½ Limette
1 Knoblauchzehe, zerdrückt
4 EL Mayonnaise

ZUM SERVIEREN

grüner Salat
Sweet-Chili-Sauce

RÄUCHERLACHSFRIKADELLEN

Salzwasser in einem großen Topf aufkochen. Die Kartoffeln hineingeben, weich kochen und dann grob in kleinere und größere Stücke zerdrücken. Zum Abkühlen beiseitestellen.

Kartoffeln, Lachs, Frühlingszwiebeln, Chilis, Oliven, Kapern, Ei und Koriander in eine große Schüssel geben. Limettenzesten und -saft dazugeben und gut verrühren. Das Mehl darüberstreuen und untermischen. Mit Salz und Pfeffer würzen. Jeweils einen gehäuften Esslöffel der Masse nehmen, zu Frikadellen formen und diese auf Backpapier legen. Die Fischbällchen können, wenn nötig, mehrere Stunden in den Kühlschrank gestellt werden.

In einer Pfanne etwas Olivenöl erhitzen. Die Fischfrikadellen mit ausreichend Abstand hineinlegen und mit dem Pfannenwender etwas flach drücken.

Die Pfanne leicht rütteln, damit die Fischfrikadellen nicht anbacken. Bei mittlerer Hitze etwa 5 Minuten braten, bis sie goldbraun sind, dann vorsichtig wenden und die andere Seite braten.

Währenddessen für die Limettenmayonnaise alle Zutaten in einer Schale verrühren. Die Fischfrikadellen mit grünem Salat, Limettenmayonnaise und Sweet-Chili-Sauce servieren.

METHODE 20

KIPPER

Kipper ist ein kalt geräucherter Hering. Als Bückling bezeichnet man einen meist mitsamt den Eingeweiden heiß geräucherten Hering, der etwas intensiver schmeckt. Auch andere fette Fische, etwa Makrelen, können wie der Hering hier verarbeitet werden.

HERSTELLUNG VON KIPPER

Zunächst den Hering filetieren. Die Filets 30 Minuten einsalzen, abspülen und trocknen, bevor sie 6–8 Stunden in die Räucherkammer kommen. Nach dem Räuchern den Kipper herausnehmen, in Backpapier oder Frischhaltefolie einwickeln und bis zu 1 Woche im Kühlschrank lagern.

SERVIEREN

Zum Garen wird der Kipper mit der Hautseite nach untern auf eine Grillpfanne gelegt, mit etwas Butter bestrichen und bei starker Hitze rund 4 Minuten gegrillt.

Den Hering mit dem Bauch nach unten auf ein Brett legen. Den Fisch inklusive Kopf an der Rückenlinie entlang bis zur Bauchhöhle aufschneiden, den Bauch nicht durchtrennen.

Den Hering in eine Form legen und mit Salz-Zucker-Beize 30 Minuten pökeln. Eine Mischung aus 75 g Salz und 25 g Zucker reicht für einige Heringe.

Mit Küchenpapier alle Eingeweide herausziehen.

Den Fisch umdrehen, flach drücken und die Augen entfernen, damit man zum Aufhängen beim Räuchern einen Holzspieß durch die Augenhöhlen stecken kann.

Abspülen, mit Küchenpapier abtupfen und einige Stunden an der Luft trocknen. Dann den Räucherofen mit ausreichend Sägemehl befüllen und anzünden. Warten, bis sich die Kammer dicht mit Rauch gefüllt hat.

Die Heringe in den Räucherofen hängen und diesen verschließen. Die Temperatur überwachen und darauf achten, dass kontinuierlich Rauch erzeugt wird. In 6–8 Stunden sind die Kipper fertig.

Kedgeree ist ein leider etwas in Vergessenheit geratener britischer Frühstücksklassiker. Es gibt Dutzende Varianten dieses mild mit Curry gewürzten Fischgerichts, das wir bevorzugt mit einem ganzen Kipper und einem pochierten Ei servieren.

FÜR 4 PERSONEN

4 Kipper (kalt geräucherter Hering)
50 g weiche Butter
Salz und frisch gemahlener schwarzer Pfeffer
500 ml Hühnerbrühe
200 g Basmatireis
4 große frische Eier
1 Zwiebel, gewürfelt
1 EL mittelscharfes Currypulver oder mittelscharfe Currypaste
½ TL gemahlene Kurkuma
1 rote Paprika, gewürfelt
2 EL grob gehackte, frische glatte Petersilie

KEDGEREE MIT GEGRILLTEM KIPPER & POCHIERTEM EI

Den Backofengrill vorheizen. Die Innenseite der Kipper mit der Hälfte der Butter bestreichen, dann etwas schwarzen Pfeffer darübermahlen. Die Kipper mit der Hautseite nach unten auf einen Grillrost legen und 4 Minuten unter dem heißen Grill garen.

Die Brühe in einem großen Topf aufkochen. Den Reis unter kaltem Wasser abspülen, in die Brühe geben und etwa 10 Minuten kochen, bis er weich ist. Den Reis abgießen, aber nicht abspülen.

Während der Reis kocht, die Eier pochieren und warm halten.

Die restliche Butter in eine große Sauteuse oder einen Wok geben und die Zwiebel darin sanft weich dünsten. Curry und Kurkuma untermischen und weitere 2 Minuten garen. Die rote Paprika zugeben und weitere 3 Minuten dünsten, dann den gekochten Reis untermischen. Vom Herd nehmen und die Petersilie unterrühren.

Kipper und pochierte Eier auf dem Kedgeree anrichten und servieren.

METHODE 21

KALT GERÄUCHERTER KÄSE

Heute stellen immer mehr Käsereien in Handarbeit einzigartige Produkte her. Jede hat ihr Geheimnis, das ihre Käseprodukte besonders auszeichnet. Vielleicht möchten Sie noch nicht in die Käsewelt mit Lab, Dickmilch und Molke einsteigen, doch auch Sie können Ihr eigenes Käseprodukt schaffen, indem Sie Ihren Lieblingskäse räuchern. Bei geräuchertem Käse kommt es sehr auf das Räucherholz an. Es gibt viele Möglichkeiten, die verschiedenen Käsesorten und Raucharomen zu kombinieren. Der persönliche Geschmack ist entscheidend, und man muss einfach ausprobieren, welche Kombination einem am besten schmeckt. Nach demselben Verfahren kann man Eier und Kabeljaurogen kalt räuchern.

VORBEREITUNG DES KÄSES

Viele Käsesorten lassen sich gut kalt räuchern, doch für den Einstieg empfehlen sich Hartkäse wie Emmentaler, Stilton und Gouda. Jede dieser Käsesorten hat ihre eigenen Vorzüge, die mit den Raucharomen eine charakteristische Verbindung eingehen. Viel Spaß beim Ausprobieren – aber nicht übertreiben, denn oft ist ein Käse mit dezentem, kaum wahrnehmbaren Raucharoma besonders delikat. Den Käse in nicht zu kleine Stücke oder gar Scheiben zerteilen. Ideal zum Räuchern sind etwa 200 g schwere Käsestücke.

RÄUCHERN DES KÄSES

Die Käsestücke so auf einem Rost anordnen, dass sie sich nicht berühren. Der Rauch soll frei zirkulieren und von allen Seiten auf die Käsestücke einwirken können. Den Käse möglichst weit von der direkten Wärmequelle oben in der Räucherkammer platzieren. Ist es zu heiß, schmilzt der Käse und tropft durch den Rost – eine ziemliche Schweinerei. Etwa 4–5 Stunden mit Eichen-, Buchen- oder Apfelholzmehl kalt räuchern.

FERTIGSTELLEN

Der geräucherte Käse schmeckt am besten, wenn er vor dem Servieren, verpackt in Frischhaltefolie oder Backpapier, noch 24 Stunden im Kühlschrank ruhen kann. Er hält sich mindestens 2–3 Wochen.

VORSCHLAG: EIER

Sobald Sie sich mit dem Räuchern beschäftigen, werden Sie Mitglied der Geheimgesellschaft der Räucherfreunde. Immer, wenn man sich trifft, werden Erlebnisse, Tipps und geheime Rezepte ausgetauscht. Unser Geheimtipp sind geräucherte Eier! Einfach ein hart gekochtes Ei wie Käse 1–2 Stunden räuchern. Der Rauch wird bis zum Eigelb vordringen, und Sie bekommen einen köstlichen Snack. Serviert wird das Ganze in einem Gourmetsandwich mit selbst gemachter Mayonnaise, Kresse und einer Prise geräuchertem Paprikapulver.

VORSCHLAG: KABELJAUROGEN

Durch das Kalträuchern wir der Rogen um erdige Nuancen bereichert. Er kann zerdrückt werden, um Fischgerichten oder Saucen eine rauchige Note zu geben oder zu einer ungewöhnlichen Taramas-Variante verarbeitet werden. Mischen Sie den Rogen mit Knoblauch, Salz und Oliven und bereiten Sie dann mit zerstampften Kartoffeln einen Fisch-Pie daraus.

Das Räuchergut kommt in den Smoker.

In diesem Rezept machen wir aus geräucherten Eiern und würziger Chorizo einen tollen Picknicksnack. Um den Geschmack zu variieren, kann man auch einfaches Wurstbrät, vermischt mit Petersilie, Frühlingszwiebeln und Orangenzesten, zum Umhüllen des Eis verwenden.

ERGIBT 8 STÜCK

- 500 g frische Chorizo
- 250 g Mehl
- Meersalz und frisch gemahlener schwarzer Pfeffer
- 8 geräucherte Eier
- 250 g Semmelbrösel
- abgeriebene Schale von 1 Zitrone
- 2 TL frische Thymianblätter
- 2 Eier, verquirlt
- Pflanzenöl, zum Frittieren

GERÄUCHERTE SCHOTTISCHE EIER

Das Chorizo-Fleischbrät aus der Wursthülle drücken und in acht Kugeln aufteilen. Die Kugeln auf einer bemehlten Arbeitsfläche mit einer Teigrolle zu Ovalen von 12 cm Länge und 8 cm Breite ausrollen und auf einem Brett oder einer Arbeitsfläche bereitlegen.

Das Mehl in eine flache Schüssel geben und mit Salz und Pfeffer würzen. Die geräucherten Eier in der Mehlmischung wälzen und auf die Chorizo-Ovale verteilen.

Das Wurstbrät so um das Ei legen, dass dieses vollständig damit eingehüllt ist. Dann zu einem glatten Ball formen. Die Semmelbrösel in einer Schüssel mit Zitronenschale, Thymianblättern und einer Prise Meersalz vermischen. Das verquirlte Ei in einen tiefen Teller geben. Die Fleischbällchen zunächst in das Ei tauchen, dann in den Semmelbröseln wälzen.

Ausreichend Pflanzenöl zum Frittieren in einem großen Topf erhitzen. Die Schottischen Eier in das heiße Öl geben, jeweils zwei Stück gleichzeitig, und 8–10 Minuten goldbraun backen.

Dieses einfache Rezept bringt den geräucherten Stilton, vor allem in der Kombination mit dem Porree und den Walnüssen, sehr gut zur Geltung. Zu der Tarte passen frischer Salat oder süßsäuerliche Cocktailtomaten.

FÜR 4 PERSONEN

20 g Butter, plus etwas mehr zum Einfetten
1 Porreestange, fein gehackt
1 TL Zitronensaft
250 ml Milch
1 Ei, verquirlt
100 g Gouda, gerieben
Salz und frisch gemahlener schwarzer Pfeffer
450 g ungesüßter Mürbeteig (Fertigprudukt)
Mehl, zum Bestäuben
50 g Walnüsse, gehackt
200 g geräucherter Stilton, grob gewürfelt

TARTE MIT GERÄUCHERTEM STILTON

Den Backofen auf 180 °C vorheizen. Eine Tarte-Form (20 cm Ø) mit Butter einfetten.

Die Butter in einem Topf zerlassen. Porree und Zitronensaft hineingeben und langsam weich dünsten, dann zum Abkühlen beiseitestellen.

Die Milch in einer Schüssel mit verquirltem Ei und geriebenem Käse vermischen. Mit Salz und Pfeffer würzen.

Den Teig auf einer bemehlten Arbeitsfläche etwa 5 mm dick zu einem 26 cm großen Kreis ausrollen. Die Teigplatte in die Form legen und mit einer Gabel mehrmals einstechen. Eine Lage Backpapier über den Teig legen und mit einer Schicht getrockneter Bohnen bedecken. In den Ofen schieben und 12 Minuten blindbacken. Aus dem Ofen nehmen, Bohnen und Papier entfernen.

Porree, Walnüsse und geräucherten Stilton auf dem Teigboden verteilen und die Milch-Eier-Mischung darübergießen. Wieder in den Ofen stellen und 15 Minuten backen, bis die Oberfläche schön goldgelb ist.

Gefüllte Jalapeños sind eine tolle Sache als Bestandteil eines großen mexikanischen Essens oder als Appetithäppchen. Wir mögen diese Variante mit geräuchertem Gouda. Die Poppers bereitet man am besten am Vortag zu und lässt sie bis zum Frittieren im Kühlschrank.

FÜR 4 PERSONEN

2 Chorizo, fein gewürfelt
2 rote Zwiebeln, fein gewürfelt
500 g geräucherter Gouda, gerieben
100 g Doppelrahmfrischkäse
24 Jalapeño-Chilis
100 g Semmelbrösel
1 TL Paprikapulver
Salz und frisch gemahlener schwarzer Pfeffer
2 Eier, verquirlt
4 EL Mehl
Pflanzenöl, zum Frittieren

ZUM SERVIEREN

saure Sahne

JALAPEÑO-POPPERS MIT GERÄUCHERTEM KÄSE

Die gewürfelte Chorizo und die roten Zwiebeln in einer Schüssel mit dem geräucherten Gouda und dem Doppelrahmfrischkäse gründlich vermischen.

Die Jalapeños der Länge nach halbieren und die Kerne entfernen. Mit einem Teelöffel die Chrorizomischung in die Jalapeños füllen und dann die Hälften wieder zusammensetzen. Beiseitestellen.

Die Semmelbrösel in einer flachen Schüssel mit dem Paprikapulver und je einer kräftigen Prise Salz und Pfeffer vermischen. Die verquirlten Eier in einen tiefen Teller gießen. Das Mehl auf einen Teller geben. Die Jalapeños zunächst im Mehl wälzen, das überschüssige Mehl abklopfen, dann in Ei tauchen und schließlich in der Semmelbröselmischung wälzen.

Die gefüllten Jalapeños auf Backpapier legen und im Kühlschrank 2 Stunden kalt stellen. Ausreichend Pflanzenöl zum Frittieren in einem großen Topf erhitzen. Die Jalapeños aus dem Kühlschrank nehmen und im heißen Öl 3 Minuten frittieren, bis sie goldbraun sind. Auf Küchenpapier legen, um das überschüssige Öl aufzusaugen.

Mit saurer Sahne servieren.

Wer noch nie Kabeljau- oder Dorschrogen probiert hat, sollte dies unbedingt nachholen. Wir lieben ihn in der Pfanne kurz angebraten, weil so das delikate Räucheraroma erhalten bleibt. Der Rogen wird dabei außen schön knusprig und bleibt innen weich. Die schnell gemachte Senfsauce harmoniert bestens mit dem rauchigen Kabeljaurogen.

FÜR 1 PERSON

1 Frühlingszwiebel, fein gehackt
1 EL Weißwein
1 TL körniger Senf
50 g Schlagsahne extra
Zesten von 1 Zitrone
1 EL frisch gehackte glatte Petersilie
1 EL Mehl
Salz und frisch gemahlener schwarzer Pfeffer
1–2 EL Pflanzenöl
3 Scheiben geräucherter Kabeljaurogen, etwa 1 cm dick
dicke Brotscheibe, zum Toasten

GERÄUCHERTER KABELJAUROGEN MIT SAHNIGER SENFSAUCE

Für die Sauce die Frühlingszwiebeln mit dem Weißwein in einem Topf bei schwacher Hitze weich kochen. Sobald der Wein einkocht, Senf, Sahne, einen Großteil der Zitronenzesten und die Hälfte der Petersilie zugeben. Aufkochen, dann die Hitze reduzieren und noch 1 Minute köcheln.

Das Mehl in einer Schüssel mit Salz und Pfeffer würzen. Das Öl in einer Pfanne erhitzen. Die Rogenscheiben im Würzmehl wälzen, ins heiße Öl legen und auf jeder Seite 2 Minuten braten. Aus der Pfanne nehmen und überschüssiges Öl mit Küchenpapier abtupfen. Das Brot toasten, mit dem Kabeljaurogen belegen und die Sauce darübergießen. Mit verbliebener Petersilie und Zitronenzesten garnieren und servieren.

REGISTER

BILDNACHWEIS

Herausgeber: Stephanie Jackson
Managing Editor: Clare Churly
Lektorat: Annie Lee
Artdirector: Jonathan Christie
Design: Jaz Bahra
Illustratoren: Charlotte Strawbridge, James Strawbridge
Fotos: Nick Pope
Stylistin: Alison Clarkson
Küchenassistent: Jim Tomson
Herstellung: Pete Hunt

Alle Fotos © **Nick Pope** mit Ausnahme der folgenden: **Strawbridge Family Archive** 19 (oben links), 20 (oben links und rechts), 43 (oben und unten rechts), 44 (unten links), 63 (unten), 69 (unten links und rechts), 70 (rechts), 99 (unten links), 139 (unten links und rechts).

Fonds: **Fotolia**/Monica Butnaru, **Thinkstock**/iStockphoto.

Illustrationen: **Charlotte Strawbridge** 16, 40, 66, 96, 136. **James Strawbridge** 18, 57, 70, 103, 106, 107, 140.